EXPANSÃO DA
CONSCIÊNCIA

A verdadeira história da humanidade
e a transição planetária

JUNIOR LEGRAZIE

EXPANSÃO DA CONSCIÊNCIA

A verdadeira história da humanidade
e a transição planetária

© Direitos Reservados à Editora Alfabeto.

Direção Editorial: Edmilson Duran
Layout da capa: Breno Luiz Menezes Lacerda
Diagramação: Décio Lopes
Preparação e Revisão: Isabela Zinn

DADOS INTERNACIONAIS DE CATALOGAÇÃO NA PUBLICAÇÃO (CIP)

Legrazie, Junior

Expansão da Consciência: A Verdadeira História da Humanidade e a Transição Planetária / Junior Legrazie – 1ª Edição. Editora Alfabeto, São Paulo/SP, 2023.

ISBN: 978-65-87905-58-7

1. Expansão da Consciência   2. Transição Planetária   I. Título

Índices para catálogo sistemático:
1. Expansão da Consciência

Todos os direitos reservados, proibida a reprodução total ou parcial por qualquer meio, inclusive internet, sem a expressa autorização por escrito da Editora.

EDITORA ALFABETO
Rua Protocolo, 394 | CEP 04254-030
São Paulo/SP | e-mail: editorial@editoraalfabeto.com.br
Tel: (11) 2351-4720
www.editoraalfabeto.com.br

Sobre o Autor

Sou Junior Legrazie.

Há 16 anos, venho dedicando minha vida pessoal a estudar a origem do universo, à descoberta da verdadeira história da humanidade e da espiritualidade, a compreender a Transição Planetária, a Nova Terra e vários outros assuntos fundamentais para a expansão da consciência. Como mentor espiritualista e pesquisador, acredito que podemos encontrar a nossa verdadeira essência e propósito na vida através do conhecimento e da evolução espiritual.

Em fevereiro de 2021, decidi suspender minhas atividades empresariais para me dedicar integralmente aos estudos e produzir conteúdo para o meu canal do YouTube, que já conta com mais de 158 mil inscritos. Além disso, desenvolvi o material didático do Curso Expansão da Consciência, que já conta com mais de 7,8 mil alunos em 17 países.

Minha missão é ajudar as pessoas a unirem as peças que formam o quebra-cabeça da vida nesta jornada na Terra. Acredito que, ao compartilhar meu conhecimento e experiência, posso auxiliar na ascensão de cada alma e, consequentemente, contribuir para uma sociedade mais consciente e amorosa rumo ao nosso destino na Nova Era da 5ª dimensão.

Agradecimentos

Aos meus pais Norberto e Deni, meu coração transborda de gratidão por tudo o que fizeram por mim. Eles foram exemplos dos valores mais dignos da alma, me deram amor e apoio incondicional nos momentos difíceis e me encorajaram a tomar decisões que contrariavam a mesmice e os paradigmas da sociedade. Sou imensamente grato por ter nascido como filho deles.

Aos meus irmãos Eduardo e Alessandra, não há palavras para expressar o quão honrado me sinto por tê-los como meus companheiros de jornada. Eles são pessoas tão dignas, companheiras e parceiras nessa minha caminhada incrível.

Ao meu filho Gabriel, sinto que minha vida ganhou um novo sentido desde a sua chegada. Ele me tornou uma pessoa mais sábia, resiliente e corajosa. Sua contribuição foi me trazer para a minha verdadeira missão nesta encarnação: ser um trabalhador da luz através da espiritualidade. É uma honra indescritível ser pai e responsável pela formação de uma alma tão evoluída, dotada de uma missão tão bela e importante na Nova Terra.

À minha ex-esposa Luciana, sou grato por tudo que vivemos juntos. Ela é uma das pessoas mais estudiosas e inteligentes que já conheci, e com ela adquiri muito conhecimento intelectual e de vida. Além disso, ela é minha companheira de vida, uma grande amiga e uma excelente mãe.

À minha querida amiga Elena Arrue, minha gratidão é imensa por ter vislumbrado meu desejo de tornar o meu curso Expansão da Consciência em livro e ter feito a interface com os donos da editora Alfabeto, Edmilson e Neide, para que este livro pudesse ser publicado.

À minha mentora Asherah, uma consciência de 6ª dimensão, que decidiu me acompanhar nessa encarnação no planeta Terra para me auxiliar na missão tão desafiadora e importante para a humanidade na grande transição planetária de 3ª para a 5ª dimensão. Sua presença em minha vida é uma bênção pela qual sou grato todos os dias.

Aos meus colegas trabalhadores da Luz, minha consideração e gratidão por servirem como exemplos de dedicação, perseverança e esperança.

Ao Jhon, Keyla e toda a equipe Soul, que entraram em minha vida para me ajudar a elevar a qualidade e o profissionalismo do meu trabalho e, dessa forma, poder impactar positivamente mais pessoas.

Aos meus mentores e guias espirituais, meus anjos da guarda e todas as entidades que me regem, guiam, protegem e iluminam, sinto uma profunda gratidão por sua orientação e ajuda em minha jornada espiritual.

A Deus Pai, minha emoção é inenarrável por ter confiado a mim essa responsabilidade e oportunidade de ser Sua ferramenta para ajudar as pessoas que buscam sua evolução espiritual. É uma honra imensurável.

E a você, que está aqui lendo minhas palavras, minha gratidão é profunda. O Despertar muitas vezes é doloroso e confuso, mas meu objetivo é te ajudar a montar esse grande quebra-cabeça de informações, acalentar seu coração e mostrar o caminho para sua evolução espiritual através do conhecimento da nossa verdadeira história. Obrigado por confiar em meu trabalho e caminhar comigo nesta jornada de conhecimento e evolução.

Sumário

Introdução | Existe Coincidência 11

Capítulo 1 | Qual é a Origem da Existência 19
"A unificação da ciência e do Evangelho de João resulta na história mais antiga e mais enigmática que existe. Essas duas fontes são como bússolas que apontam para onde tudo começou."

Capítulo 2 | A Incontestável Grandeza do Universo ... 27
"A jornada humana é um reflexo da jornada de todo o cosmos: somente ao se expandirem para estes universos os espíritos podem adquirir um conhecimento mais profundo."

Capítulo 3 | Pare de Odiar as Trevas 39
"Nunca se esqueça de que todos nós, meu querido irmão, somos iguais perante os olhos do nosso Pai."

Capítulo 4 | As Batalhas Entre Humanos, Reptilianos e Outras Raças 49
"Nenhum sistema estelar ficou a salvo dos danos causados por este conflito; no entanto, lembre-se de que isto é uma integração das duas polaridades que devemos experimentar para evoluirmos."

Capítulo 5 | O Que Não Te Contaram Sobre a História Humana 59
"Ele acreditava que as futuras gerações não estavam espiritualmente preparadas para lidar com o conhecimento e que a ganância faria a raça caminhar em direção ao abismo da autodestruição."

Capítulo 6 | O Terrível e Implacável Marduk......... 73
"Consideravam que era apenas uma questão de tempo até
que a humanidade fosse destruída de qualquer maneira,
fosse pelo Dilúvio ou pelas guerras estimuladas por Marduk."

Capítulo 7 | A Intensa Trajetória do Cristianismo 81
"Nossa realidade hoje é um espelho do que já ocorria desde
essa época: grande parte da população se deixando escravizar,
condicionada pelo medo, pela insegurança e pela desinformação."

Capítulo 8 | O Inestimável Conhecimento Gnóstico .. 89
"A Matrix é um sistema que gera uma realidade moldada
pelo medo e diversos outros sentimentos de baixa vibração,
manipulando a percepção..."

Capítulo 9 | Quem Está Nos Fazendo de Marionetes? .. 93
"Imagine alguém prendendo um animal em uma jaula,
dando comida e dizendo que está fazendo isso para protegê-lo,
pois se estivesse livre na selva ele correria perigo. Bom,
é exatamente o que estão fazendo com você neste exato momento."

Capítulo 10| Em Qual Frequência Você Quer Vibrar.. 107
"Entenda que você está atraindo tudo que é semelhante aos seus
aspectos mais profundos."

Capítulo 11| O Conselho Mais Valioso Deste Livro ... 125
"O Divino Criador lhe garantiu a possibilidade de ser tão
belo quanto sua obra de arte favorita, mas cabe a ti
aprender a esculpir sua própria alma."

Capítulo 12| A Magnífica Vida na Nova Terra 141
"Este capítulo é a linha de chegada no mapa para a sua jornada
evolutiva, entregando um brevíssimo vislumbre do destino final."

Introdução

Existe Coincidência?

Antes de começarmos, eu tenho uma pergunta que vai definir toda a sua experiência com este livro.

Na verdade, não somente com este livro: a sua resposta para a seguinte pergunta revela muito mais sobre a sua passagem pela Terra do que você pode imaginar agora.

Meu caro leitor, será que existe coincidência?

Saiba que o universo não permite espaços em branco: tudo está em sintonia e segue o fluxo da energia. Estas palavras foram escritas porque chegariam até você no momento em que mais precisaria. Uma vez que a alma começa a despertar, ela entende que cada mínima atitude pode ser um abismo sombrio ou uma ponte dourada em direção à nossa verdadeira essência. Da mesma forma, cada uma das suas escolhas diárias tem um impacto imensurável na existência de toda a humanidade.

Há 16 anos, recebi um chamado para cumprir a minha missão: eu precisaria superar meus limites internos e expandir minha própria consciência, pois só assim poderia auxiliá-lo no seu próprio despertar.

Ao longo dos 12 capítulos deste livro, vou compartilhar todo o conhecimento e entendimento que adquiri na minha profunda trajetória em busca do passado enterrado da raça humana, da verdade sobre o tempo presente – que poucos ainda são capazes de enxergar – e do futuro extraordinário que se aproxima.

Sabe aqueles mistérios que foram classificados como impossíveis de serem solucionados? Os mistérios pelos quais você sempre teve um fascínio inexplicável e que as pessoas ao seu redor lhe fizeram acreditar que você morreria sem obter respostas? Costumo dizer que eles são peças de um quebra-cabeças cósmico que entrelaça o destino de cada uma das obras do Divino Criador. A função deste livro é te entregar todas as peças para a compreensão da sua existência. Ao longo da nossa jornada, você descobrirá:

- O que significa ser uma alma;
- O porquê de estarmos aqui;
- As formas de superar seus medos, bloqueios e fazer escolhas certas para alcançar uma consciência mais elevada e evoluir;

Mas antes deste intenso mergulho em si mesmo, permita-me apresentar um pouco da minha história:

Com 19 anos, ansioso para me aventurar na imensidão do mundo, decidi deixar minha terra natal e ir para a Inglaterra, embarcando em uma viagem que mudaria minha vida para sempre. Ao chegar lá, comecei a trabalhar como lava-pratos. Me tornei cozinheiro, depois chef de cozinha, assistente de gerente e gerente, subindo gradualmente na influência e no profissionalismo até ser convidado a assumir o cargo de Manager da NBJ Leisure Company.

Nessa companhia, liderei a abertura de algumas das maiores redes de bares e restaurantes em Londres, como Over the Top, Barcelona, Café Boheme e Soho House.

Com a abertura de mercado no Brasil, decidi voltar e fundar meu próprio negócio. Assim, em 1991, nasceu o Grupo G1 Esporte, no qual também fui presidente até 2013. Nos tornamos os maiores distribuidores da marca inglesa Gul, especializada em roupas de neoprene para esportes aquáticos.

Eu ampliei minha marcha no mundo dos negócios e dos esportes radicais em 1995, quando lancei a confecção da marca Gul. Com o tempo, consegui entrar para o grupo das dez principais marcas de surf no Brasil.

Em 2004, assumi a marca de esportes radicais Dont Walk e, posteriormente, fui o maior distribuidor mundial de mochilas e malas da marca OGIO. Em 2014, fundei uma empresa de suplementos de nutrição celular chamada Five Diamonds, a pioneira em seu segmento no Brasil. Mais tarde, em 2019, criei a marca Coco Pure: a primeira marca de água de coco natural em pó no país.

Finalmente, após esse acervo de experiências como empresário, recebi um chamado de meus mentores, em especial de minha mentora chamada Asherah, uma consciência de 6ª dimensão.

Entendi o meu dever de ensinar, passar adiante meu conhecimento. Em março de 2021, fundei o site Salto Holístico, um portal de terapias holísticas. Fiz uma parceria com a Escola da Prosperidade, uma das maiores escolas de cursos de terapias holísticas com certificados ABRATH.

Nesse período comecei a desenvolver o curso Expansão da Consciência, que mais tarde viria a se tornar este livro.

Durante oito meses, trabalhei incansavelmente para escrever tudo que havia aprendido até o momento e poder passar adiante, de forma didática e compreensível, a verdadeira história da humanidade. Não fazia ideia do que a vida reservava para aqueles profundos manuscritos, mas recebia dia e noite os pedidos dos meus mentores para que eternizasse no papel absolutamente tudo que sabia.

Quando finalmente concluí os textos, fui orientado a desenvolver um curso que serviria de conexão entre todo aquele conhecimento valioso e as almas que vibrassem por ele em busca de iluminação. Foi assim que nasceu o curso *Expansão da Consciência*, um dos marcos mais importantes na minha carreira.

Sempre fui uma pessoa curiosa, autodidata e apaixonada por aprender. Além de pesquisador, escritor e professor, descobri em 2020 minhas habilidades como médium e canalizador de uma consciência de 6ª dimensão. Desde 2007, época em que comecei a ir em busca do despertar da consciência, sou movido a explorar esse tema.

Minha família era católica, mas posteriormente se tornou espírita, o que me influenciou bastante e serviu como fonte de inspiração no início dos meus estudos. No entanto, algo dentro de mim já clamava para descobrir o vasto universo além do que é passado pelo espiritismo. Cada um desses fatores foi fundamental para o processo de expansão que o tempo moldou no meu ser.

Meu curso não é baseado em um único autor, mas em todo o conhecimento compilado de livros e artigos que li, palestras que participei e cursos que fiz ao longo dos anos. Minha abordagem é baseada na triangulação, ou seja, verifico as informações em várias fontes para garantir a veracidade do conteúdo que compartilho.

Criei meu canal no YouTube em março de 2022, o que me possibilitou o alcance de mais pessoas com esta mensagem de elucidação da realidade e orientação para a transição planetária que está por vir.

Estou motivado a seguir adiante, continuando a buscar conhecimento e ensinar às almas que despertam para a necessidade de trilhar o caminho de volta à Unidade.

Vou compartilhar aqui as minhas principais fontes de pesquisas e estudos que contribuíram para o meu entendimento dos temas abordados neste livro:

Referências Bibliográficas

ANONIMA. *O livro de Urântia: revelando os mistérios de Deus, do Universo, de Jesus e sobre nós mesmos*. Urantia Foundation, 2003.

ARMOND, Edgard. *Os exilados de Capela*. 22ª. Edição. São Paulo: Editora Aliança, 1987.

____. *Na cortina do tempo*. 5ª. Edição. São Paulo: Editora Aliança, 2009.

____. *Almas afins*. 3ª. Edição. São Paulo: Editora Aliança, 1999.

ARNTZ, William. *What the Bleep Do We Know?* (traduzido para a língua portuguesa: Quem Somos Nós?) Editora: Prestígio Editorial, 2007.

BLAVATSKY, Helena Petrovna. *A Doutrina Secreta*. Volume V. Editora Pensamento, 1981.

____. *Ísis sem Véu*. Volume III. Editora Pensamento, 1981.

ELLAM, Jean Val. *Carma e compromisso: filhos das estrelas*. São Paulo: Zian Editora, 2002.

____. *Reintegração Cósmica: os anjos caídos*. São Paulo: Zian Editora, 2002.

____. *Caminhos Espirituais: livre arbítrio*. 3ª. Edição. São Paulo: Zian Editora, 2002.

EMMANUEL, psicografado por Francisco Cândido Xavier. *A caminho da Luz*. São Paulo, 2000.

FERAUDY, Roger. *ERG – O Décimo Planeta: A pré-história espiritual da humanidade*. Editora Conhecimento, 2006.

FERREIRA, Elson C. *O Livro de Enoque*. (Tradução livre para a língua portuguesa, Curitiba/Brasil, 2003)

KARDEC, Allan. *A Gênese: os milagres e as predições segundo o espiritismo*. 20ª. Edição. São Paulo: LAKE, 2001.

MCCARTY, James Allen; ELKINS, Don; RUECKERT, Carla. *A Lei do Uno*. 5 Livros, 1984

OLIVEIRA, Wanderley. *Os dragões: o diamante no lodo não deixa de ser um diamante*. Dufaux, 2010

PEREIRA, Yvonne A. *Devassando o invisível*. Federação Espírita Brasileira, 1991.

PINHEIRO, Robson. *Senhores da Escuridão*. Casa dos Espíritos, 2008.

STARR, Jelaila. *We are The Nibiruans*.

____. *The Mission Remembered*.

SITCHIN, Zecharia. *O 12º. Planeta*. Editora Best Seller, 2004.

____. *O Código Cósmico*. Editora Best Seller, 2003.

____. *As guerras de Deuses e Homens*. Editora Best Seller, 2002.

UBALDI, Pietro. *A Grande Síntese*. Livraria Allan Kardec Editora, 1955.

____. *Cristo*. Editora Monismo, 1974.

XAVIER, Francisco Cândido. *Pelo espírito Humberto de Campos*. Brasil, Coração do Mundo, Pátria do Evangelho. Federação Espírita Brasileira, 1999.

Referências – Fontes De Estudo

- Grupo fechado de Estudo. The Nibiruan Council – EUA
- Tony Roberts – ARCAS (Associação Ramatis Caridade, Amor e Sabedoria) – São Paulo
- Vital Frosi
- Matias de Stefano – Argentina
- David Icke – Reino Unido
- Corey Goode – EUA
- David Wilcock – EUA
- Michael Salla – Austrália
- Gregg Braden- EUA
- Elena Danaan – França
- Therese Z. Sumner – Suécia
- Cobra – EU
- Jacque Fresco – EUA

Websites

https://pt.spherebeingalliance.com/
www.veritasgalacticsweden.net
www.oevento.pt
www.2012portal.blogspot.com
www.tonocosmos.com.br
www.eso39333exopolitic.wordpress.com
www.umaterra1.tumblr.com
www.nibiruancouncil.com
www.thrivemovement.com
www.thevenusproject.com
www.thoth3126.com.br

Documentários

- Alienígenas do Passado – The History Channel
- Nikola Tesla – Arquivos Perdidos – The History Channel
- Arqueologia – National Geographic
- Canal Gaia (USA) Assinante www.gaia.com
- Thrive Movement – Youtube

Assuntos de Estudos

- Os Livros de Enoque
- O Livro de Isaias
- As Tábuas Sumérias
- Civilizações antigas
- Livros Apócrifos
- Espiritismo
- Cristianismo – Bíblia
- Os Anunnakis
- Física Quântica
- Geo e Exopolítica
- Vida Extraterrestre – Ufologia
- Antropologia
- Arqueologia
- Despertar da Consciência

Capítulo 1

Qual é a Origem da Existência?

"A unificação da ciência e do Evangelho de João resulta na história mais antiga e mais enigmática que existe. Essas duas fontes são como bússolas que apontam para onde tudo começou."

Vamos começar *literalmente* do início? Antes de prosseguir com a leitura, tente meditar sobre quanta areia deve ter escorrido na ampulheta do universo desde o que poderíamos considerar como ponto de partida. O que chamamos de vida na 3ª dimensão está restrito a um segmento de tempo tão limitado que torna impossível mensurarmos o período entre a origem da existência e o agora.

Estamos falando de mais de 14 bilhões de anos atrás, quando o universo central se expressou pela primeira vez. Era energia pura, sem um único resquício de vida, que sofreu uma divisão.

Certamente você já ouviu falar da explosão colossal que essa divisão causou. Essa energia primordial incluía várias formas de radiação, como luz, raios gama e partículas subatômicas, que se regularam rapidamente pelo universo em expansão. À medida que o universo esfriava, essa radiação se condensava em matéria, como prótons e elétrons, átomos e, posteriormente, estrelas e galáxias.

O nosso conhecido "Big Bang" originou, assim, duas polaridades: a energia da 1ª dimensão e a energia da 2ª dimensão.

Essas duas polaridades passaram a criar ondas vibracionais entre si, gerando frequências que se uniram uma à outra. O fruto dessa combinação foi mais uma energia, que se concentrou em um terceiro ponto e finalmente deu origem a esta dimensão na qual eu e você estamos agora. A 3ª dimensão, base da matéria e do espírito, decreta assim a largada para a jornada da existência.

A Criação é composta por três dimensões fundamentais: a primeira é a dimensão vibracional, que representa a consciência criativa e a dualidade; a segunda é a dimensão energética, que se expande através do universo e permite a criação de vibração e energia; e a terceira dimensão, que resulta na criação da matéria.

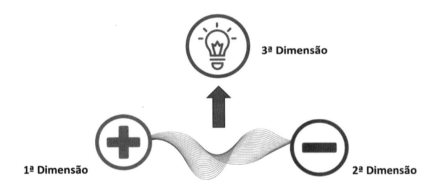

A última proporciona a consciência universal e permite que o criador se expanda através da criação de realidades.

Essa trindade é formada por espírito, alma e corpo. O espírito é a consciência vibracional individual do criador. A alma é a energia que flui do espírito. O corpo é a condensação da energia da alma, permitindo que se experimentem as vibrações e se alimente o espírito. Estes três elementos formam o ciclo de criação, pois as experiências e vivências durante as reencarnações alimentam o nosso crescimento.

A 3ª dimensão do corpo não se resume ao mundo espiritual, pois é resultado de uma interação entre esse e o mundo material. Ninguém é igual ao outro porque a alma, a qual possui ligação com o corpo, é parte fundamental em sua criação.

O Espírito Santo, como parte da Trindade, é responsável por criar um padrão universal e estruturar a realidade a partir de princípios geométricos. Neste padrão, mente, coração e força cumprem um papel fundamental: mente para a sabedoria; coração para o amor; e força para o poder. Assim, a alma exerce um papel ativo na criação do nosso corpo, vivendo e experimentando as experiências da vida material.

A Chama Trina é a presença divina latente que existe dentro de cada coração humano. Ela é composta de três pétalas: a Chama Azul – seu poder para executar a vontade de Deus; a Chama Dourada – sua sabedoria para iluminar a inteligência externa; e a Chama Rosa – seu amor para abençoar e enriquecer a vida.

Da mesma forma que a semente pode se tornar uma árvore de raízes profundas e folhas estendidas aos céus, a nossa centelha divina também possibilita ao corpo a perfeição da plenitude quando é alimentada com amor e se torna uma chama. Essa chama passa pela mente e depois pelo coração, iluminando tudo que está em sintonia com os princípios divinos, como o amor, o perdão, o carinho e o respeito. Por fim ela transcreve-se em Vontade, sendo executada no mundo material em poder, força e ação.

O Divino Criador criou o universo de forma científica, assim como as dimensões básicas de energia e frequência. Uma versão contida no Evangelho Apócrifo de João, que foi encontrada na Biblioteca de Nag Hammadi em 1945, explica isso tudo através do lado divino conforme ensinado por Jesus. Esse documento contém conhecimentos sobre as dimensões esculpidas pelo Criador, bem como sobre o sistema de crenças gnósticas que descreve.

Provavelmente você já escutou falar dos gnósticos: eram cristãos que se separaram dos cristãos da Igreja Católica Romana devido a conflitos de opinião a respeito do cristianismo.

Eles criaram a crença gnóstica, que foi descoberta mais tarde em meio aos escritos da Biblioteca de Nag Hammadi. Esta biblioteca continha 13 códices: livros de papiros que foram escritos possivelmente por alguns dos apóstolos entre 30 e 350 anos após a vida de Jesus Cristo.

Talvez você já saiba: a Igreja Católica não perseguia diretamente aqueles que discordavam das suas crenças, mas ordenava a destruição de qualquer material que não fosse canonizado por ela. Dessa forma, incontáveis documentos de valor imensurável precisavam ser escondidos em cavernas na Cisjordânia e no Egito. O mesmo aconteceu com esta Biblioteca, abrigada em uma jarra ao longo da Inquisição, depois que o bispo Atanásio de Alexandria da Igreja Romana proibiu qualquer material considerado apócrifo ou gnóstico.

O Apócrifo de João foi o mais mencionado nesses 13 códices. Era também o mais completo, tornando-se assim o mais importante de todos esses documentos. Portanto, temos aqui uma profunda raiz da crença gnóstica.

No início do Evangelho de João, ele menciona que estava angustiado com a partida de Jesus e foi alvo de zombaria por uma pessoa que passou.

"Onde está teu mestre agora?" – foi a sua pergunta.

Abatido, João se retirou para o Monte das Oliveiras, como Jesus havia feito. Naquele monte, ele entrou em um estado de meditação espiritual e teve uma experiência divina. Este momento foi registrado no Evangelho que ele escreveu, onde constatou a veracidade daquilo que perseguiu e foi zombado em consequência. Essa experiência foi eternizada na posse de João. Ele relatou que viu o céu se abrir e uma grande luz se aproximar, que se apresentou como Jesus e lhe deu instruções para escrever um grande texto. Suas palavras escritas, mais tarde, vieram a se tornar o apócrifo que estamos mencionando neste momento.

O Apócrifo de João é um texto tão profundo quanto seriam as águas de um oceano que comportasse todo o cosmos. Ele aborda a evolução dos mundos celestes; os dons do Pleroma – a totalidade dos poderes divinos; as luzes e poderes que regem o universo; o Demiurgo; os regentes planetários; a criação da humanidade em sua forma psíquica, física e espiritual; a salvação através da revelação de um conhecimento divino, que é a centelha de luz presente dentro de cada um de nós.

O Apócrifo de João apresenta uma tríade composta de três realidades: o oculto, o manifesto e a vida. Essas três energias representam o Uno, a Protenoia e o Cristo.

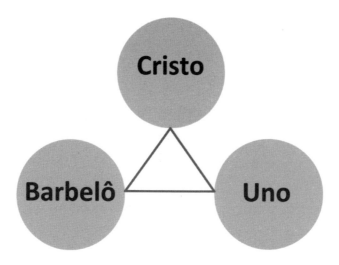

O Uno, também conhecido como Mônada, é o inefável e invisível, sem forma de expressão alguma. Ele é um poder oculto, a fonte de toda a luz, o que cria o pensamento ativo. Ao contemplar a si mesmo, divide-se e cria a Protenoia do Todo.

A Protenoia é o primeiro poder, o primeiro pensamento do Uno, a imagem do espírito invisível. Ela é a Mãe, o útero universal. O poder latente, a progenitora, a essência da vida eterna. João a chama de Barbelô.

O Uno, Pai, entrou em Barbelô com um olhar, com pura Luz. Dessa forma, foi gerada a centelha divina. Nasce então o Filho Único de Deus, que é Cristo. Esta consciência crística não é uma entidade, pessoa, espírito ou alma: é uma consciência, o fruto da união entre o Uno e Barbelô.

A Trindade descrita no Evangelho de João é a vibração energética que cria a matéria explicada pelos cientistas.

O Filho de Deus, identificado como Cristo, é a verdade que nos liberta. O Jesus Cristo, querido leitor, é a consciência crítica que eu e você temos dentro de nós, a qual ainda deixamos tantas vezes de ouvir enquanto seres humanos. Dentre tantos significados, o despertar espiritual e a expansão da consciência são a nossa jornada de reconhecimento como filhos de Deus e, principalmente, de retorno à casa do Pai.

Se você gosta de se aventurar, saiba que a unificação da ciência e do Evangelho de João resulta na história mais antiga e mais enigmática que existe. Essas duas fontes são como bússolas que apontam para onde tudo começou.

João nos conta que o Logos foi o primeiro a ser criado. Ele é descrito como luz, que cria todas as coisas e dá origem ao universo. Diga-me se isso, de certa forma, não pode ser associado ao que dita a física moderna? A aquela famosa constatação de que a matéria foi criada a partir de uma grande explosão cósmica?

Além disso, também é dito que a Trindade foi criada a partir do Logos e que todos eles interagem incessantemente entre si. Eis mais um fato observado pela ciência, pois é aqui que encontramos as três leis básicas que regem o universo: a preservação da matéria, a preservação da energia e a preservação da entropia. Já se constatou que essas leis são fundamentais para o funcionamento harmonioso das engrenagens da vida.

Conseguiu entender como a ciência e o Evangelho de João se complementam na explicação de como tudo começou? Essas duas fontes de conhecimento, que a princípio podem parecer antagônicas, fornecem uma gigante compreensão de como o universo se originou e o que o mantém unido. Repare que conforme você for treinando o olhar e expandindo a sua visão do mundo, vão se tornar cada vez mais explícitas essas similaridades que estão longe de ser coincidências.

Capítulo 2

A Incontestável Grandeza do Universo

"A jornada humana é um reflexo da jornada de todo o cosmos: somente ao se expandirem para estes universos os espíritos podem adquirir um conhecimento mais profundo."

Nossa próxima parada neste caminho de descoberta é o Universo Central, uma estrutura muito vasta e complexa para os grãos de poeira cósmica que são os nossos corpos físicos. Estamos falando do dono de todas as coisas existentes e de tudo que ainda nos é desconhecido.

Quando olhamos para o céu, o que vemos é uma minúscula parte do que existe. Usando e abusando das tecnologias mais inovadoras que conseguimos inventar ao longo da história, chegamos a descobrir galáxias, estrelas, planetas e todas as outras formas de matéria. No entanto, apesar dessa notável vastidão, estima-se que o Universo seja finito. Sim, é totalmente metafórico quando utilizo a infinidade para me referir a ele.

A verdade é que o Universo é composto de uma quantidade definida de matéria, mas que está em constante crescimento e evolução. Estimava-se que poderia ter um tamanho de 93 bilhões de anos-luz de diâmetro no momento em que eu escrevi este livro... e provavelmente tem mais, agora que você o está lendo. Saiba que o Universo nunca será o mesmo em absolutamente nenhum instante na linha do tempo. Ele pode estar tanto em processo de expansão quanto de contração, a depender da sua distribuição de energia.

O Universo Central é a origem de absolutamente toda a vida e energia que você pode – ou talvez ainda não possa – imaginar. A esta altura, você deve estar se perguntando onde nos encaixamos em meio a isso tudo. Tente mensurar o fato de que, à sua volta, existem sete Super Universos que orbitam ao redor do Universo Central. Nós estamos no Super Universo Sete, também conhecido como Orvônton.

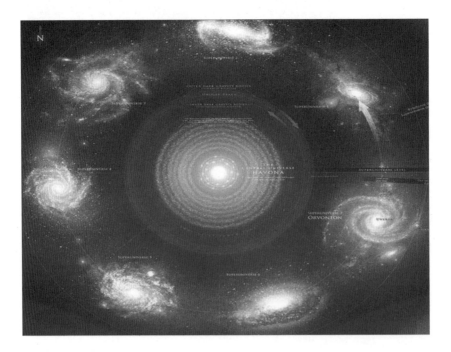

Orvônton possui um Universo Local chamado Nébadon, onde se encontra a famosa Galáxia Via Láctea. Esta é lar do Sistema Estelar de Alcione, ao redor do qual orbita o nosso próprio Sistema Solar. Assim, finalmente chegamos ao curioso planeta verde e azul que está girando ao redor do sol neste exato momento.

A Incontestável Grandeza do Universo | **29**

Vamos falar de números agora? Para uma melhor visualização, recomendo a leitura de cada um dos trechos pausadamente. Os sete Super Universos que mencionei são divididos em dez setores maiores. Um setor maior, por sua vez, é dividido em cem setores menores.

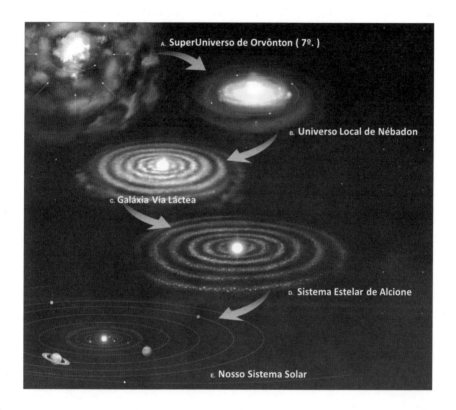

Um setor menor carrega 100 Universos Locais, ao passo que cada um deles possui nada menos do que 100 galáxias. Uma galáxia contém 100 sistemas planetários, que contam individualmente com uma quantidade próxima de 1.000 mundos – sejam eles habitáveis ou não. Resumindo, cada Super Universo possui mais ou menos 1 trilhão de mundos, resultando em cerca de 7 trilhões de mundos no total.

Quando miramos o céu noturno, enxergamos milhares de estrelas. Estas são sóis, tais como o nosso sol, que possuem luz própria e carregam consigo a energia da vida. Acredite, há muito mais estrelas do que poderíamos contar com os olhos nus e cada uma delas é única à sua maneira.

Sem a Estrela Sol, a Terra não teria vida e é por isso que precisa orbitar ao redor dela. O nosso Sistema Solar conta com 13 planetas orbitando ao redor do Sol; no entanto, existem outras estrelas que possuem até 45 planetas. Eu considero incrível a ideia de que, apesar de não enxergarmos estes planetas a olho nu, eles estão lá... orbitando em torno de suas estrelas.

Você deve se lembrar de que o Universo Central é onde vive a fonte de todas as energias. É chamada de Ilha do Paraíso, o local onde a alma segue para se unir à fonte.

Falando mais uma vez de números, o Universo Central contém 20 esferas sagradas da Trindade, sete órbitas circulares e cerca de 1 bilhão de planetas que orbitam o Sol central. A partir daqui, todas as energias são criadas e espalhadas pelos 7 cantos do universo.

O Divino Criador se dividiu em fractais, e seus espíritos habitam a imensidão dos planetas. A frequência vibracional da energia do Divino Criador é diferente à medida que nos afastamos dele. A 3ª dimensão vibra a 7,83 Hz, enquanto a 5ª dimensão vibra a 50 Hz. A quantidade de energia que as pessoas recebem diminui à medida que se afastam da fonte.

Assim, a dimensão também diminui. É importante conhecer esse processo para compreender como o Divino Criador cria e expande a sua criação, pois só assim ele adquire o aprendizado necessário para se manifestar.

Cada espírito tem a tarefa de criar os próprios fractais e expandir seu alcance para os universos superiores. Mas a questão é: os universos, à medida que se encontram mais distantes da fonte, apresentam menos e menos energia. Dessa forma, os espíritos precisam se dividir em 12 fractais, conhecidos como super almas. As super almas podem viver nos universos que existem entre a 13ª e a 20ª dimensão, mas ainda necessitam ir mais além nos confins da existência – onde novos planetas, dimensões e fontes de luz estão presentes. Ou seja, precisam se aventurar nos mistérios entre a 1ª e a 12ª dimensão.

Se você está acompanhando o raciocínio, consegue responder qual é a razão para todo este complexo desdobramento? Pense em si mesmo: o seu nível de evolução hoje não é diretamente proporcional à quantidade de experiências distintas que você teve ao longo da vida? Acontece que a jornada humana é um reflexo da jornada de todo o cosmos: somente ao se expandirem para estes universos os espíritos podem adquirir um conhecimento mais profundo.

Por sua vez, as Super Almas também precisam criar seus próprios fractais para que eles possam alcançar o limite do universo (1ª Dimensão), e por isso elas se dividem em 12 fractais. Esses fractais devem evoluir de uma dimensão à outra, seja para almas encarnadas ou desencarnadas.

O objetivo dos fractais de alma é percorrer a estrada de volta para o espírito original que gerou a Super Alma. Ou seja, retornar ao seu EU Superior.

Agora, você já ouviu falar em Havona alguma vez? Com certeza já, embora o nome mencionado possa ter sido outro. Trata-se de onde o Divino Criador se manifesta: a Ilha do Paraíso, no centro de um universo formado por 1 bilhão de planetas.

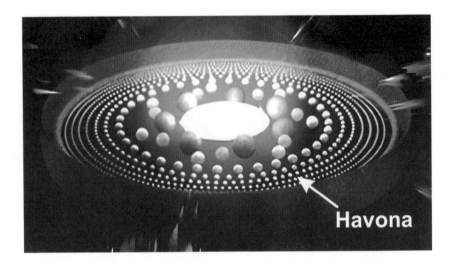

Em Havona habitam os fractais de espíritos que se dividiram em 12 Super Almas e colonizaram os Super Universos. Estas Super Almas deram origem a mais 12 fractais de alma e é finalmente no resultado dessas numerosas divisões que você e eu nos encontramos.

Vou lhe contar algo que precisa influenciar suas ações a partir de hoje: você está na 3ª dimensão e tem a possibilidade de passar para a 5ª dimensão. Ao longo da leitura, entenderemos o significado disso e a extraordinária importância das suas escolhas diárias.

Caso esteja se perguntando sobre a 4ª dimensão, também conhecida como plano astral, ela é somente transitória. Você já esteve lá incontáveis vezes, afinal, é para onde a sua alma vai quando você dorme. Durante o Evento – como chamamos esta passagem da 3ª para a 5ª dimensão – há um breve momento na 4ª dimensão.

Eu e você, o último estágio da divisão, somos incapazes de gerar mais fractais. Embora a jornada de cada alma seja individual, somos pequenas partes do mesmo Todo e, portanto, nossos aprendizados e ensinamentos são coletivos.

A alma começa sua trajetória na 1ª dimensão, o estado mineral, no qual experimenta a existência e a vida pela primeira vez. Por mais que ainda esteja inconsciente, ela já possui uma centelha divina que transmite energia. A 2ª dimensão, o estado vegetal, é o início da vida subconsciente: a alma começa a respirar, sentir o clima e se reproduzir. O próximo estágio é um nível mais elevado, porém ainda na 2ª dimensão: o estado animal, no qual a alma tem sua primeira experiência com a vida instintiva. Ela começa a buscar alimento, procriar, e recebe uma subconsciência com capacidade de aprender. Adquire condições de interagir com outros animais, até mesmo com os seres humanos.

Exatamente, caro leitor: o seu animal de estimação, ou qualquer outro que tenha maior contato com os Humanos, na verdade é uma alma da 2ª dimensão que já está sendo preparada para evoluir e encarnar como humanoide na 3ª dimensão. Nesta última, a alma desenvolve um estado de racionalidade com semiconsciência. Passa a ter pensamentos, emoções, inteligência e, acima de tudo, o livre arbítrio. A consciência ainda é latente, mas pode ser despertada por meio do conhecimento espiritual. Assim, ela começa a evoluir para a 4ª dimensão, o plano astral, no qual caminha em uma corda bamba entre o consciente e o semiconsciente.

Imagino que, a esta altura, você esteja curioso acerca das dimensões que ainda não experimentou. Afinal, como será a sua existência nos próximos estágios de evolução? Ingressando na 5ª dimensão a alma torna-se um ser crístico, de consciência e inteligência espiritual ampliadas. Já na 6ª dimensão, ela evolui para um ser crístico totalmente consciente. A partir da 7ª e até a 12ª dimensão, a alma se torna etérica – ou seja – sem um corpo definido, mas com uma consciência divina. Entre a 13ª e a 20ª, por sua vez, torna-se uma super alma com consciência divina plena.

A 21ª dimensão é o caminho para o divino criador, uma jornada de milhões ou até bilhões de anos. Quando a alma chega nessa dimensão, ela torna-se um com o Pai e passa a ser um espírito. Esse espírito cria seus fractais de super almas, que por sua vez criam seus fractais de almas e começam na 1ª dimensão. É uma evolução cíclica, e seu objetivo final é chegar ao paraíso. O caminho pode ser longo, mas jamais existirá um rumo no universo que realize verdadeiramente a alma além desse.

Resumindo:

- 1ª Dimensão | Mineral: Estado da existência (inconsciente)
- 2ª Dimensão | Vegetal: Estado inicial da existência da vida (subconsciência)

- 2ª Dimensão | Animal: Começa a experimentar a vida instintivamente. (subconsciência)
- 3ª Dimensão | Humanoide: Estado Racional (semiconsciência)
- 4ª Dimensão | Humanoide: Plano Astral (consciência)
- 5ª Dimensão | Humanoide: Ser Crístico (autoconsciência)
- 6ª Dimensão | Humanoide: Ser Crístico (consciência Crística)
- 7ª Dimensão a 12ª Dimensão | "Humanoide Etérico": Ser Crístico (consciência Divina)
- 13ª a 20ª Dimensão: Ser Angélico (consciência Divina)

Sabe por que falamos de seres humanoides para nos referirmos aos humanos? Bom, a nossa raça sofreu uma alteração genética para que pudéssemos desenvolver características humanoides. O processo de evolução dos planetas sempre conta com uma raça que se destaca para evoluir. Assim, as raças de guardiões se desenvolvem de acordo com cada biosfera e sofrem alterações genéticas para abrigar as almas da 3ª dimensão.

Por exemplo: em um determinado planeta, os Aviários Azuis eram a raça que sobressaiu em relação às outras; portanto, foram eles que sofreram essa alteração e se tornaram humanoides. Certamente você já ouviu falar da raça guardiã da Terra: o Homo Erectus, um primata.

Nesse universo há também Arcturianos, Felinos, Reptilianos e diversos outros, que são muito parecidos conosco enquanto humanoides. Os tão enigmáticos extraterrestres são nada mais do que almas exatamente como nós, porém manifestadas em outros planetas. Você precisou se manifestar aqui na Terra e por isso encarnou no corpo humano. Mas se precisar se manifestar em Marte, então encarnará no corpo marciano. Em Sirius A, no corpo felino... e assim por diante. Portanto, as bilhões ou trilhões de almas existentes nos mais distintos planetas são outros pedaços do Todo que nós fazemos parte.

Por mais que a maior parte das pessoas ao seu redor escolha cerrar os olhos para os fatos, os avistamentos de OVNIs e seres extraterrestres estão ocorrendo diariamente; alguns dos casos sendo, inclusive, registrados pela Nasa e pelo Pentágono. Um piloto da CIA afirmou, em entrevista, que realizava viagens regulares para Marte desde 1966 e que a população do planeta é de 600 milhões de pessoas. Além disso, há relatos de missões secretas para Ganimedes, uma das luas de Júpiter. Esta informação também foi confirmada pelo Livro dos Espíritos, de Allan Kardec, que descreve a vida nos outros planetas e explica por que Júpiter é o mais avançado do nosso sistema solar. Além disso, o Exército Canadense tem acompanhado de perto os avistamentos de OVNIs. Paul Rayleigh, ministro da Defesa do Canadá entre 1967 e 1968, foi responsável pelo desenvolvimento de uma pista de pouso para essas naves.

Hoje os avistamentos são muito mais frequentes e comuns durante o dia, o que contribui para o aumento exponencial de pessoas interessadas sobre o assunto. Como você provavelmente é uma delas, considerando que não abandonou a leitura a esta altura do campeonato, vou te recomendar o documentário "THRIVE: What On Earth Will It Take?". A obra pode ser encontrada no canal do YouTube Thrive Movement com legendas em português e explica o fenômeno OVNI, além de vários outros temas misteriosos, como energia do Tórus, controle da Terra e energia livre de Tesla.

Sei que são muitas informações ao mesmo tempo, mas o ponto mais importante que você precisa assimilar agora é que os espíritos não têm raça ou planeta: eles existem em Havona e são consciências de alta vibração energética; ou seja, de uma dimensão muito elevada e que não necessita de corpos físicos. Por outro lado, as almas têm uma raça matriz conhecida como Família Galáctica, e elas encarnam em diferentes planetas, raças e situações com base nas suas necessidades de experiência para sua evolução espiritual.

Assim, mesmo que esteja encarnado em um corpo humano, você pode não necessariamente ser da Terra, de sua família galáctica, ou mesmo humana. É totalmente possível que você venha de outro planeta.

Pense em absolutamente qualquer pessoa agora. Se ela e você deixassem seus corpos físicos ao mesmo tempo, veriam que são iguais. Independentemente de raça, cor, gênero ou tamanho, todos nós somos almas em evolução, filhos de Deus, centelhas divinas. Somos seres conscientes que podem encarnar nos mais diversos lugares do universo a fim de aprender a superar a multiplicidade e evoluir. Você é aluno das suas experiências passadas e, por mais dolorosas que elas possam ter sido, escondem um símbolo que pode levá-lo a um novo degrau mais elevado da existência. É por isso que nós encarnamos em diferentes lugares: para que possamos desenvolver nossa capacidade de amar e crescer espiritualmente.

O universo é infinito, meu caro. E, considerando que somos um reflexo dele, ouso dizer que não podemos deixar de explorar todas as possibilidades.

Capítulo 3

Pare de Odiar as Trevas

"Nunca se esqueça de que todos nós, meu querido irmão, somos iguais perante os olhos do nosso Pai."

O Plano Divino Universal foi criado por nove fundadores, liderados por uma consciência da 12ª dimensão que você conhece pelo nome Jesus. No entanto, também podemos chamá-la de Sananda – o criador de todos os universos. O objetivo das almas no Plano Divino é a integração das duas polaridades: luz e trevas.

Lembra de quando você se perguntou – sei que foi bem mais de uma vez – qual é o sentido da sua vida? Pois bem, a alma tem como tarefa experimentar todas as facetas de cada polaridade para que, somente assim, possa ser capaz de integrá-las. É depois de alcançar esse objetivo que ela se reúne ao Divino Criador. Portanto, o desejo que talvez você sinta de eliminar as trevas do mundo vai contra a lei universal: o Plano Divino, na verdade, incentiva sua integração no ser.

Luzes e Trevas são duas polaridades que só podem ser entendidas se reunirmos todas as melhores partes que nos constituem. Como meio para isso, existe algo que chamamos de *Fórmula da 13ª Dimensão da Compaixão*. O seu propósito é aprender o amor incondicional por todos os seres vivos, independentemente do papel que eles estejam desempenhando.

Utilizar esta fórmula aqui na Terra resulta na libertação permanente das emoções negativas do corpo.

Quando uma alma se torna capaz de contribuir para a iluminação de outras ao seu redor, completa-se a tarefa conhecida como o despertar da consciência. Este movimento direciona o planeta à transferência para outra dimensão, levando outros consigo e diminuindo a distância rumo ao Divino Criador.

Desde já, deixo registrado que esta é a atual situação da Terra: todo o nosso sistema solar está sendo levado para uma outra dimensão. Essa transição é marcada pela presença do cinturão de fótons, refletindo o fato de que tanto a luz quanto as trevas desempenham um papel fundamental no despertar da consciência.

No entanto, você sabe o que *realmente* significam luz e trevas? A luz é uma energia feminina e apresenta características como emocionalidade, reciprocidade, silêncio, não ação, carinho, contemplação e visão micro. A importância desta energia está na possibilidade que ela fornece de entendermos nossos caminhos e de ascendermos à 5ª dimensão. Já as trevas representam a energia masculina, que é caracterizada por ação, racionalidade, sabedoria, força, autoridade e compreensão macro.

A palavra trevas foi propositalmente corrompida. Muitos de nós as associamos ao que é ruim, negativo, maléfico. Essa corrupção simbólica ocorreu exatamente para distorcer o seu real significado e, assim, atrapalhar a ascensão espiritual das pessoas. Trevas significa o oposto da Luz, simplesmente o outro polo.

Poderia também receber o nome de não luz, assim como branco e preto, norte e sul e direito e esquerdo, por exemplo.

Embora possam parecer opostos, luz e trevas se complementam de maneira única e essencial para alcançarmos nosso despertar.

Ambas são necessárias para compreendermos o universo e nossas existências. No processo inicial do Despertar da Consciência, uma pessoa adquire a percepção dessas duas polaridades.

Automaticamente, ela passa a amar a luz e a odiar as trevas. Como expliquei há alguns parágrafos, abominar as trevas é um estágio que precisa ser superado pela alma, pois interfere gravemente na ascensão para a 5ª dimensão.

Entender a integração das polaridades é a chave para a realização do Plano Divino. O masculino e o feminino aprendem um com o outro, unindo-se em uma só energia e avançando na estrada para a unidade. Portanto, há que se desenvolver compaixão em todos aqueles que representam essas duas energias. A verdadeira missão é envolver toda a humanidade em uma união verdadeira, uma só intenção e um único propósito mergulhado na essência do amor.

Amor, Compaixão, Perdão e Respeito. Esses são os quatro sentimentos divinos que Jesus nos ensinou ao encarnar na Terra e, juntos, compõem a Fórmula da 13ª dimensão. Trata-se da bússola para acendermos à 5ª dimensão e, por mais que segui-la seja simples, certamente não é fácil. Primeiramente, a compaixão é o amor que devemos ter por nós mesmos. Desenvolvendo-a, conseguimos nos perdoar e libertar de sentimentos baixos, como a culpa, a raiva e o ódio. Por fim, a partir destes dois últimos pontos, adquirimos a capacidade de respeitar o próximo, independentemente do seu estado evolutivo.

Pense naquele grupo pelo qual você tem asco, cujas pessoas vivem valores completamente diferentes dos seus, ou mesmo naquele alguém que lhe deixou um rancor profundo depois de algo aparentemente imperdoável. É muito fácil amar, ter compaixão, perdoar e respeitar aqueles que são próximos de nós..., mas são as pessoas insuportáveis para você hoje que mais merecem os seus quatro sentimentos divinos. Nunca se esqueça de que todos nós, meu querido irmão, somos iguais perante os olhos do nosso Pai.

O Plano Divino Universal foi arquitetado pelos Construtores, em conjunto com uma *Organização Hierárquica Espiritual Universal*. Os Construtores eram um grupo pequeno de primeiras almas, fontes ou espíritos, que se associaram para realizar a construção de um universo. Assim, criaram planetas e raças.

Por sua vez, a hierarquia espiritual é responsável por implementar as almas, espíritos e fractais desses espíritos a fim de que o Plano Divino seja colocado em ação. Essa organização hierárquica é formada por seres que já completaram o próprio Plano Divino em seus respectivos universos, tais como os Felinos e os Carians.

No universo deles, os Felinos tinham representado "a Luz", e os Carians "As Trevas". Foi então solicitado a eles que colaborassem na construção do nosso universo, criassem as formas de vida – inclusive os veículos físicos para as almas – e semeassem os planetas e estrelas. Os portões estelares, dimensões, portais e níveis precisariam ser criados também.

Os Engenheiros Felinos de Construção Universal auxiliaram na criação dos planetas e os Engenheiros Genéticos Felinos auxiliaram na criação das formas de vida, enquanto os Engenheiros Magnéticos Carians cuidaram dos portões estelares, dimensões e portais.

No Plano Divino, os Reptilianos representam as forças das trevas e a energia masculina, enquanto os Humanos representam as forças da luz. No entanto, vale ressaltar que cada um de nós experimenta a vida em ambos os lados, luz e escuridão, em algum momento da nossa existência para que possamos evoluir.

Todos nós, fractais de alma, nos manifestamos como Humanos ou Reptilianos em diferentes encarnações a fim de aprendermos a integrar as polaridades.

Os Felinos foram responsáveis por criar geneticamente os Humanos e os Répteis, enquanto os Carians protegeram essas raças até que elas pudessem se defender sozinhas.

Cada grupo de almas teria que aprender a evoluir através do papel que representavam no Plano Divino, superando o preconceito, o ódio e ativando a Fórmula da 13ª Dimensão da Compaixão.

Os Felinos

Os Felinos são conhecidos como seres leão. Como o ciclo do seu universo de origem já havia se completado, foram convidados pelos Construtores e pela autoridade espiritual para serem os mestres geneticistas do nosso universo. Eles vivem na 6ª dimensão e residem em uma estrela na constelação Cão Maior, conhecida como Sirius A. São seres altamente evoluídos, amorosos, gentis e benevolentes.

Os Felinos têm uma grande conexão com a história da humanidade. As esfinges, encontradas em diferentes partes do mundo, são uma lembrança do papel deles. Alguma vez você já se perguntou por que o leão é considerado o rei das savanas, mesmo não sendo o animal maior ou mais forte? A partir de hoje, toda vez que você olhar para um gato ou para a imagem de um leão, lembre-se de que eles foram escolhidos para serem fontes de informação para Sirius A; dessa forma, criando um vínculo entre a 3ª e a 6ª dimensão. Na antiguidade, muitos reis e faraós tinham gatos como companheiros constantes e eram guiados pelos Felinos através deles.

Portanto, sempre que um planeta apresenta uma raça de 2ª dimensão que se destaca entre as demais, são os Felinos que modificam geneticamente esses animais e os tornam humanoides.

Os Carians

Os Carians são um grupo de seres altos, com características de pássaros. Eles vivem em Sirius A junto dos Felinos e exercem o importante papel de engenheiros magnéticos, criando o sistema da malha energética para sustentar os estelares e os portais.

Também são responsáveis por fornecer proteção para os planetas e estrelas que ainda estão desenvolvendo uma raça guardiã. Ou seja, os Carians completam sua tarefa quando os guardiões do determinado reino evoluem a ponto de conseguirem proteger seu planeta.

Como forma de simbolizar seus envolvimentos conosco, os Carians deixaram a marca registrada da Fênix, da Águia, do Corvo e do Falcão, que eram e ainda são sagrados para muitos povos.

Os Reptilianos

Os Répteis são frequentemente mencionados em discussões sobre raças extraterrestres. Eles foram criados anteriormente aos Humanos e são a primeira raça do planeta Aln, localizada na constelação de Orion. Sua criação ocorreu primeiramente em condições extremas: gases como o metano, altas temperaturas e falta de natureza dos planetas.

Observe a história humana e perceba que, quanto mais difícil um local é de se viver, mais tecnologicamente superiores os seus habitantes se tornam. Foi o caso dos Répteis, que se tornaram capazes de realizar viagens espaciais quando os Humanos ainda emergiam dos oceanos, no sistema estelar de Vega, na constelação de Lyra.

Os Reptilianos colonizaram muitos planetas e sistemas estelares, sendo considerados os donos da nossa galáxia. A mitologia dos Répteis afirmava que, se existisse uma raça não reptiliana presente nesses planetas, eles deveriam destruí-la ou escravizá-la.

Lembrando que os Répteis foram criados pelos Construtores para representar o lado masculino e escuro, ao passo que os Humanos foram criados para representar o lado feminino e luminoso. Portanto, cada um tem seu papel no jogo de integração das polaridades e não devem ser totalmente amados ou odiados. Da mesma forma que existem inúmeros Humanos maus, também existem Reptilianos benevolentes. Um exemplo são os dragões, reconhecidos como deuses no Oriente, que já alcançaram um alto nível de evolução.

Existem almas boas e ruins encarnadas tanto na raça humana, quanto na reptiliana. Os Répteis colonizaram a Terra mais de uma vez: inicialmente quando ainda era Tiamat e, posteriormente, em uma reorganização dos remanescentes dos Répteis após a destruição de Tiamat. Não se preocupe: ainda vamos ver esses acontecimentos detalhadamente para que você una todas as peças soltas. Enfim, os descendentes deles são as cobras e lagartos que conhecemos hoje.

Já os dragões, que habitam muitos mitos, também existiam na Terra. Acredite ou não, as lendas contam histórias reais: esses seres não somente viviam no nosso planeta, como eram os próprios Reptilianos que tanto vamos citar ao longo deste livro.

Os Humanos

A raça humana evoluiu em um planeta chamado Avion, localizado em Vega. Os Humanos foram criados à imagem dos Felinos e receberam o mito da criação, que lhes permitiu colonizar qualquer planeta ou estrela que escolhessem; no entanto, se encontrassem outras raças, deveriam negociar um tratado de paz e buscar a harmonia. Os Felinos foram responsáveis por semear o planeta Avion e fazer a manutenção da biosfera, crucial para a vida no planeta.

Ajudaram, então, a aprimorar os primatas aquáticos remanescentes – baleias e golfinhos – para que se tornassem bípedes e evoluíssem.

Quando os Humanos estavam preparados biologicamente, a primeira alma – Amelius – encarnou no primeiro corpo em Avion, que foi criado pelo próprio Sananda. Os Humanos colonizaram outro planeta na constelação de Lyra, o qual nomearam de Avalon. A nova colônia foi estabelecida com uma sociedade feminino-polarizada, em harmonia com o sistema social de Avion.

Antes de passarmos adiante neste livro, preciso que você assimile uma consideração:

Cada animal que você encontra na Terra é uma amostra de uma civilização que, em determinado planeta, tornou-se a raça guardiã. Assim, existem locais em que os porcos selvagens foram a raça dominante, os ursos, os pássaros, as tartarugas, os elefantes, os leões e assim por diante.

Isso explica a grande diversidade de raças espalhadas pelo universo, pois dependem das condições do planeta em que estão. A raça humana não evoluiu a partir dos macacos, como lhe foi ensinado em algum momento da vida. Na verdade, o homem surgiu de uma raça primata onívora, chamada Homo Erectus.

Capítulo 4

As Batalhas Entre Humanos, Reptilianos e Outras Raças

"Nenhum sistema estelar ficou a salvo dos danos causados por este conflito; no entanto, lembre-se de que isto é uma integração das duas polaridades que devemos experimentar para evoluirmos."

A primeira interação entre Humanos e Répteis ocorreu em Avalon, quando estes últimos trouxeram sua tecnologia avançada e a sociedade polarizada masculina. O contato inicial entre as polaridades foi importante, mas gerou conflitos devido à falta de evolução espiritual.

Os Répteis estavam perturbados pelo fato da primeira alma humana ter sido o próprio fractal de Sananda, o que ameaçava o título da raça de "dona do universo". Além disso, se sentiram ameaçados quando os Humanos saíram de Avalon e, temendo que eles assumissem o controle da galáxia, bloquearam esse esforço pioneiro.

Inicialmente não houve confronto direto entre as espécies, já que essa não era a maneira usual de agir dos Répteis. Eles se infiltraram na colônia, oferecendo sua tecnologia superior para cortejar a amizade dos Humanos à medida que semeavam a discórdia entre eles. Isso criou uma divisão entre aqueles que queriam evoluir espiritualmente e aqueles que queriam evoluir tecnologicamente.

Após uma guerra civil em Avalon, os Répteis se uniram aos colonos masculinamente propensos e quase destruíram a colônia e o planeta. Diante disso, os Construtores decidiram transferir os Humanos a Sirius B para continuar trabalhando na integração das polaridades masculina e feminina, sem a interferência dos Répteis. No entanto, ao chegarem em Sirius B, houve uma nova divisão entre os Humanos.

Agora, uma parte chamada de "Humanos Sirianos" se dedicava à busca do conhecimento espiritual e da cura, enfatizando ainda mais sua polaridade feminina e o modo de vida Lyriano. O líder deste grupo foi o próprio Amelius, o fractal de Jesus. Por outro lado, o restante escolheu permanecer na polaridade masculina – os chamados "Sirianos Físicos".

Mais uma vez, os Construtores e as hierarquias espirituais sentiram a necessidade de mover os grupos de Humanos para novos locais, os separando. Os planetas escolhidos para serem os novos lares dos Humanos foram Aln, na Constelação de Órion, e Tiamat.

Considerando que os Sirianos Físicos estavam polarizados para o masculino, eles foram enviados a Aln, a casa dos Répteis. O objetivo era que estabelecessem uma nova colônia, mas estavam praticamente no quintal reptiliano. Este grupo recebeu o nome de "os Humanos de Órion". Agora me responda: a partir do que já te contei até agora, qual probabilidade você acha que esse plano teria de funcionar?

Bom, esperava-se que o fato de estarem no mesmo planeta que os Répteis permitiria aos Humanos entenderem melhor a si mesmos e à polaridade masculina..., mas isto não deixou os Reptilianos muito felizes. Não demorou para que as batalhas começassem, chegando a quase destruir por completo a colônia de Aeonian.

Os colonos humanos foram transformados em escravos pelos Reptilianos. Finalmente a colônia Alniana foi reconstruída e o drama da integração das polaridades continuou, mas agora havia mais um peão no jogo: a Liga Negra.

Ela começou como um pequeno grupo de Humanos de Órion, que formaram uma liga de oposição ao abuso de poder dos répteis que os haviam escravizado. Mais tarde um grupo escaparia de Órion e viajaria para Tiamat, em busca de um novo começo.

Consegue visualizar a história se desdobrando?

Sistema Estelar de Sirius

Sirius B foi a primeira estrela desse sistema estelar que implodiu, dando origem a duas novas estrelas: Sirius A e Sirius C. Esta implosão também gerou um planeta chamado Tiamat e, junto dele, um enorme pedaço de rocha. Sirius B foi habitada por Humanos que vieram de Avalon, enquanto Sirius A representava o lar dos Felinos e dos Carians. Sirius C, por sua vez, era usado somente para armazenar materiais e suplementos. Orbitando ao seu redor, havia apenas um pequeno planeta chamado Xylanthia.

Durante a implosão de Sirius B, o planeta Tiamat foi lançado para um sistema solar diferente e passou a orbitar a estrela gêmea de Sirius A. Finalmente estamos falando sobre algo que você tem uma familiaridade neste universo, pois a estrela em questão é o nosso Sol. Além disso, uma rocha gigantesca – quatro vezes maior do que a Terra – foi gerada por essa implosão e ficou flutuando no espaço, próxima às Plêiades.

Quando foi decidido que uma força estelar seria necessária, esta rocha decisiva foi transformada em uma nave planetária.

Assim, a nave nomeada Nibiru tornou-se uma força estelar capaz de viajar pelo espaço.

Nibiru possui uma atmosfera magenta, devido ao ouro que está presente nela. Os habitantes deste planeta criado artificialmente vivem dentro dele, em um ambiente intraterreno que é considerado mais seguro do que a superfície de outros locais. Além disso, há uma substância metálica e um campo de força protetor envolvendo o seu lado externo.

Nibiru é conhecido por seu brilho, por isso os egípcios costumavam chamá-lo de "estrela luminosa do firmamento". Sua função é ser um guardião da paz entre as diversas civilizações em nossa galáxia, trabalhando para manter a harmonia. O planeta oferece espaço suficiente para que muitas raças e espécies de seres vivam segundo esses princípios, geração após geração.

Nibiru se move em direção oposta aos demais planetas do sistema solar, em movimento retrógrado. Sua órbita leva aproximadamente 3.600 anos e passa entre as estrelas gêmeas dos dois sistemas: Sirius A e o nosso Sol. Embora sua luz seja artificial, a nave possibilita a coabitação harmônica de diversas espécies, assim como na Terra. Inclusive, um fato interessante é que muitas sementes da nossa vegetação foram desenvolvidas nos laboratórios de lá.

Provavelmente você deve estar curioso sobre a aparência deste lugar enigmático. Eu tenho certeza de que você adoraria morar em Nibiru: o planeta oferece um ambiente intraterreno paradisíaco, com lagos, mares, montanhas, vales e uma vegetação exuberante, exatamente como na Terra. Há também uma enorme diversidade de espécies e uma belíssima abóbada de estrelas durante a noite.

Tiamat

Os Sirianos Etéricos de Sirius B, liderados por Amelius, estabeleceram Tiamat como seu novo lar. Entretanto, eles precisavam se tornar físicos novamente para cumprir suas responsabilidades como guardiões do planeta. Ao chegarem, se depararam com uma nova raça guardiã, que estava em sua fase primata-aquática.

Assumiram, então, o papel de cuidar das necessidades físicas e espirituais desta raça. No entanto, um grupo de Sirianos Etéricos começou a ocupar corpos de animais do planeta, o que gerou preocupação nos demais. Sabia-se que, se continuassem com este hábito, poderiam esquecer que eram Etéricos e ficar presos nestes corpos.

Como você bem sabe, a espécie humana na Terra passou – e muitos ainda passam – por uma situação semelhante, na qual as pessoas se esquecem de que são almas em corpos físicos e passam a acreditar que são corpos físicos com almas. O despertar da consciência é o caminho para nos lembrarmos de quem realmente somos, adquirindo experiências que nos possibilitam evoluir.

Devido à lei cósmica do livre arbítrio, os remanescentes Sirianos Etéricos não interferiram na escolha dos seus irmãos e irmãs. Foi elaborado, assim, um plano para corrigir essa situação: uma parte dos Sirianos Etéricos receberia o nome de Sirianos Crísticos e criaria o Ofício do Cristo. Esta é uma lei cósmica na qual o universo conspira para que seja seguida a estrada natural de todas as coisas, conforme o movimento sagrado da vida.

Um plano foi concebido para corrigir a situação em que os Sirianos Etéricos estavam "presos" em corpos de animais no planeta. Uma porção dos seres se tornaria os Sirianos Crísticos, ligados à hierarquia espiritual planetária, e tendo a responsabilidade de supervisionar a operação de resgate de seus irmãos e irmãs.

Tal plano, comum em escalas galácticas, levaria milhões de anos para ser concluído.

Os Reptilianos receberam informações sobre um novo planeta habitável e logo partiram para Tiamat com o objetivo de colonizá-lo. Ao chegarem lá, encontraram a nova civilização em desenvolvimento, formada de primatas humanos sob a guarda dos Sirianos Etéricos.

Os Construtores permitiram que os Reptilianos colonizassem Tiamat, pois acreditava-se que a integração das polaridades teria sucesso. Afinal, simultaneamente os Sirianos enviariam suas energias positivas aos Répteis, tentando ajudá-los a se libertarem de lendas e crenças limitantes sobre sua criação.

Durante algum tempo as duas raças viveram em relativa harmonia, embora em lados opostos do planeta. Os Humanos cultivavam alimentos em excesso para compartilhar com os Répteis, o que auxiliou a melhorar as relações entre essas duas raças. Parecia que a integração das polaridades estava próxima de se concretizar, o que deixou os Construtores, a Hierarquia Espiritual planetária e os Sirianos Etéricos satisfeitos.

Um grupo de membros Reptilianos do conselho de Orion foi a Tiamat para investigar essa maneira harmoniosa de viver e ficou absolutamente insatisfeito. Aquilo era uma clara transgressão do mito da criação reptiliana, que afirmava o direito da raça de colonizar qualquer planeta habitável e destruir sua população. Ficou óbvio para eles que os Humanos deveriam ser aniquilados.

No entanto, tentaram insistentemente fazer a mente do governante dos Reptilianos a respeito dessa necessidade, mas não conseguiram convencê-lo. Por fim, decidiram disseminar sementes de desconfiança na raça, acusando os Humanos de planejarem tomar o controle de Tiamat.

Rapidamente as duas raças entraram em crise e os Reptilianos concordaram em destruir os Humanos com uma guerra bacteriológica. Os Humanos suplicaram por ajuda dos Avyonianos Pleiadianos, dos Sirianos Etéricos e de outros seres para planejar uma evacuação de Tiamat. Assim, conseguiram se mudar para a nave espacial Pégasus.

A Federação Galáctica traçou um plano para acabar com a guerra bacteriológica e destruir as colônias reptilianas em Tiamat. Foi determinado o envio de Nibiru para atacar e implodir os geradores de fusão, responsáveis por manter os campos de força magnética elétrica no planeta. Uma vez que isso acontecesse, Tiamat ficaria sem vida alguma e a maioria das civilizações remanescentes seria destruída. Isto garantiria que até mesmo as almas de Sirianos Etéricos que estavam presas em animais seriam libertadas.

Os Avyonianos Pleiadianos e outros seres foram convocados para ajudar a executar o plano. Nibiru, então, atacou Tiamat e a dividiu em duas partes: a primeira se tornou o planeta Urantia, que você conhece hoje como Terra. A segunda, por sua vez, foi fragmentada e tornou-se parte do cinturão de asteroides em nosso sistema solar.

A destruição quase total de Tiamat foi um choque enorme para os Reptilianos e somente 2% deles sobreviveram.

Alguns dos que estavam acostumados a viver em harmonia com os Humanos foram levados junto com eles para Nibiru. Esses Reptilianos eram mais evoluídos e faziam parte das famílias dominantes que foram expulsas do Conselho Reptiliano.

Nibiru partiu então para a constelação de Orion, a fim de concluir a missão que lhe foi dada: destruir Aln, o real planeta reptiliano.

É agora que eu preciso fazer mais uma pergunta: sabendo de tudo o que te contei até agora, você consegue imaginar a proporção do caos que isso traria ao nosso universo?

Quando os Répteis se recuperaram, iniciou-se a Grande Guerra Galáctica. Essa guerra durou milhões e milhões de anos, além de envolver cada trecho da galáxia. Nenhum sistema estelar ficou a salvo dos danos causados por este conflito; no entanto, lembre-se de que isto é uma integração das duas polaridades que devemos experimentar para evoluirmos.

A guerra proporcionou um cenário perfeito para que ambas as polaridades entrassem no jogo de maneira incisiva para todos os seres. Durante esse longo período, as almas do universo puderam encarnar em ambos os lados para adquirir as experiências necessárias.

Os Reptilianos decidiram novamente que os humanos deveriam ser eliminados da galáxia para que eles pudessem reinar em paz. Com esse propósito, armaram um posto militar avançado em Maldek, um planeta do nosso sistema solar.

A metade superior de Tiamat, agora chamada Urantia – a nossa Terra – foi reabilitada e novamente semeada pelos Felinos. Eles, com a ajuda do Sirianos Crísticos, semearam plantas, animais, e uma nova raça guardiã do planeta. Uma vez mais a raça guardiã da Terra, em evolução, foi protegida pelos Sirianos Terrestres. Milhões de anos depois, uma nova colônia humana chamada Hybornea foi estabelecida.

Hybornea foi estabelecida por Lyrianos e Sirianos, atraindo colonos com inclinação pela polaridade feminina. Eles viveram e prosperaram por quase um milhão de anos, ajudando os mutantes etéricos – meio animais e meio Sirianos – que haviam restado a se libertarem do ciclo animal.

Infelizmente, essa colônia foi destruída pelos Reptilianos em um ataque massivo vindo do posto de Maldek. É claro que isso alimentou ainda mais a fogueira da Guerra Galáctica, que viria a culminar na grande Batalha Final: Nibiru foi ordenada a destruir Maldek e expulsar os Reptilianos do nosso sistema solar. No entanto, não conseguiu evitar que eles destruíssem as colônias humanas em Vênus e Marte antes disso, deixando os dois planetas inabitáveis por muito tempo.

Após a destruição de Maldek, a Guerra Galáctica chegou ao fim. O custo da batalha foi altíssimo para Nibiru, que perdeu seu campo de força protetor devido às armas atômicas dos Reptilianos.

Seus habitantes estavam morrendo aos milhares, e a única solução era encontrar imensas quantidades de ouro para restaurar o campo de proteção contra a radiação espacial. A nave iniciou, então, a busca por aquele ingrediente crucial para a sua camada externa de proteção. Mas onde poderia encontrar uma reserva tão grande deste metal nobre?

E é assim que a história de Nibiru se cruza definitivamente com a do nosso planeta.

Capítulo 5

O Que Não Te Contaram Sobre a História Humana

"Ele acreditava que as futuras gerações não estavam espiritualmente preparadas para lidar com o conhecimento e que a ganância faria a raça caminhar em direção ao abismo da autodestruição."

Foi Alalu, um ex-comandante de Nibiru, que encontrou ouro na Terra pela primeira vez.

Nesta época, cerca de 480.000 anos atrás, os habitantes do planeta incluíam os Lemurianos, os mutantes e os Répteis descendentes daqueles que se esconderam nos subterrâneos de Tiamat, além dos primatas humanos que estavam em evolução.

Os primatas foram semeados pelos Felinos e pelos Sirianos Etéricos para que alcançassem a fase evolutiva do Homo Erectus. Eles eram inteligentes, telepáticos e viviam em paz com os animais da natureza em um tipo de comunidade social. Neste momento, comece a refletir se esta descrição o lembra de uma certa história que você certamente conhece...

Tanto a civilização dos Yus quanto a da Atlântida eram consideradas como desdobramentos da Lemúria – a casa dos Reptilianos – pois ambas tinham feito acordos para que esta atuasse como um império materno para elas.

Cada uma das três civilizações havia começado como raças brancas, mas concordaram em permitir que os Felinos alterassem seu DNA. Dessa forma, poderiam se adaptar ao clima das regiões do planeta no qual escolheram viver.

Foi assim que as diferentes raças vermelhas e amarelas morreram. A raça negra, por sua vez, teve origem nos primatas humanos em evolução. Eles se tornariam os guardiões da Terra depois de cruzarem com os Nibiru e obterem a nova formação do seu DNA.

Os Nibiruanos chegaram à Terra por duas razões principais. Em primeiro lugar, como já foi mencionado, eles desejavam obter o ouro que salvaria seu povo. Mas em segundo lugar, havia sido feito um acordo com os Sirianos Crísticos para criarem, com ajuda dos Felinos, um corpo de DNA duplo para os seres humanos terrestres. Isso seria possível através do cruzamento entre eles e a raça guardiã em evolução.

A esta altura, Nibiru já era governado por Anu. Como havia sido descoberta uma enorme quantidade de ouro na Terra, ele enviou cinquenta dos seus melhores astronautas, liderados por seu filho mais velho – chamado Enki – a fim de estabelecer operações de mineração. Esses Nibiruanos foram chamados de Anunnaki pelo povo sumério, que significa "aqueles que vieram do céu".

Portanto, saiba que Anunnaki não é uma raça ou civilização de algum planeta específico. Mas a partir de agora, vamos adotar esse nome para nos referirmos aos Nibiruanos.

A Árvore Genealógica Anunnaki

Anu, o comandante de Nibiru, era meio Siriano e meio Pleiadiano. Ele era casado com Dramin, a rainha dos dragões, que residia em Nibiru desde a destruição de Tiamat.

Enki, que mais tarde viria a liderar os Anunnaki, era filho dessa união. Portanto, era meio Humano e meio Reptiliano.

A segunda esposa de Anu foi uma rainha Felina chamada Rayshondra, e dessa união nasceu Ninhursag – uma filha meio Nibiruana e meio Felina. E por fim, para manter a pureza do sangue real, Anu também se casou com sua irmã Antu, e dessa união nasceu Enlil – um filho 100% Nibiruano.

Enki, o primeiro filho de Anu, casou-se com a princesa Serpente, que governava os Reptilianos na Terra. Dessa união, nasceu Marduk.

Esses são os principais Anunnakis que participaram e ainda participam da história da humanidade.

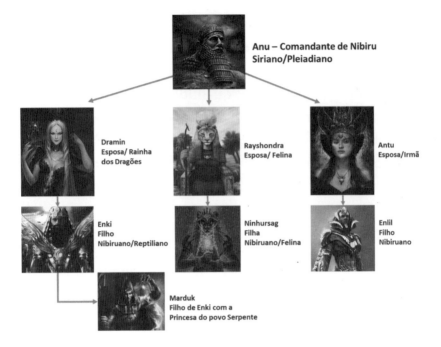

Enki e os Anunnakis chegaram à Terra em um ônibus espacial e aterrissaram no mar, próximos à Mesopotâmia. Eles montaram acampamento e passaram a buscar ouro na água. Enki fundou a primeira cidade chamada Eridu – Estação Um.

Ninhursag – a filha meio Felina de Anu – era Médica-Chefe Oficial para uma missão na Terra e proveu cuidados médicos aos Anunnakis. Pouco tempo depois, o próprio Anu e seu filho Nibiruano Enlil chegaram para avaliar a situação do ouro.

Os Anunnakis estavam empenhados em encontrar reservas do metal dourado na água, mas seus esforços não eram suficientes para salvar Nibiru e seu povo. No entanto, ao procurarem na África, descobriram que havia uma boa quantidade no subsolo.

Enlil e Enki estavam em clima de tensão. Enki achava que deveria ser o rei da Terra, já que ele chegara primeiro e trabalhara duro para construir a primeira cidade, Eridu.

Ele também sentiu que tinha uma dívida e reivindicava a terra como herdeiro da rainha dos Dragões da Terra e dos Reptilianos.

No entanto, Enlil era o filho legítimo de Anu e, de acordo com a lei Pleiadiana, herdeiro legítimo do trono de Nibiru e da Terra enquanto estivessem sob o domínio de Anu.

Os irmãos começaram a ter divergências sobre quem seria o governante da Terra, sendo que ambos tinham justificativas válidas para reivindicarem a liderança do planeta.

Para resolver essa disputa, fizeram um sorteio no qual Enki ficou com toda a África sob seu domínio, e Enlil com o restante da Terra.

Enlil construiu quatro novas cidades, incluindo Sippar – o porto espacial, Nippur – o centro de controle da missão, Bad Tibira – o centro metalúrgico, e Shuruppak – o centro médico.

Enki, por sua vez, enviava grandes quantidades de ouro para serem refinadas no centro metalúrgico e, posteriormente, à plataforma espacial em órbita para serem transferidas para Nibiru.

Eles também trouxeram sementes de árvores frutíferas de Nibiru para criar o Jardim do Éden. Exatamente, meu caro leitor: Jardim do Éden ou "E. Din", como era chamado pelos Anunnakis na Mesopotâmia. Confesso que fico curioso para saber como são as conexões que você está formando em sua cabeça neste momento.

Durante cerca de 200.000 anos, a vida na Terra floresceu e todos viveram em harmonia. Isso não era tanto para as ampulhetas dos Anunnakis, considerando que cada ano Nibiru corresponde a 3.600 anos terráqueos.

Por volta de 250.000 a.C., os mineradores Anunnakis, também chamados de Igigis, que estavam na África, se rebelaram contra a mineração de ouro no subsolo, unindo-se em uma rebelião.

Enki e Enlil precisaram retornar a Nibiru para apresentar a situação diante do Conselho. Foi decidido que os Igigis, ao invés de trabalharem com mineração de ouro, poderiam realizar outros trabalhos para os quais haviam sido treinados.

Enki acreditava que a solução para o problema da mineração de ouro era criar uma raça de trabalhadores. O que, em sua visão, permitiria os Anunnakis se concentrarem em outros deveres, como a manutenção de relações amigáveis com os Sirianos Crísticos.

Dessa forma, ele foi junto de sua irmã Ninhursag ao laboratório em Shuruppak. O objetivo era criar esses novos trabalhadores artificialmente, e para isso contaram com ajuda felina. Rayshondra, a segunda esposa de Anu, era muito experiente no campo da genética e supervisionou este trabalho.

A criação desses novos veículos físicos era um evento muito aguardado, mas a motivação dos Anunnakis para fazerem isso não era somente a mineração do ouro. Você consegue adivinhar o que mais estava em jogo?

Como descendentes de Devin e da Casa de Avyon, eles estavam geneticamente e carmicamente ligados ao nosso planeta. Os Anunnakis eram, essencialmente, a raça paterna dos seres terrestres quando o planeta ainda era Tiamat. Com a criação da raça de trabalhadores, eles receberam novamente esse papel. Assim, o sentimento de paternidade e responsabilidade permeou a época da criação dos trabalhadores.

O nosso tempo presente é o resultado da evolução desta segunda semeadura entre os Sirianos Etéricos e os Felinos. Você está lendo este livro hoje graças ao aprimoramento genético do DNA humano pelos Anunnakis. Se não fosse por essa intervenção, ainda estaríamos presos à era do Homo Erectus, deixando as cavernas.

Sem a aceleração genética, os Humanos não teriam cumprido o prazo de evolução espiritual da galáxia, e isto significa que eu e você teríamos atrasado o universo inteiro.

Durante o processo de aprimoramento genético do Homo Erectus para o Homo Sapiens, os primatas humanos adquiriram diversas habilidades, como a capacidade de argumentar, de tomar decisões mais complexas, de aprender a ler e escrever.

Apesar de manterem sua telepatia, não receberam novas habilidades psíquicas: estas seriam concedidas somente quando todos os Sirianos Terrestres conseguissem a transição.

Naquela época, os Anunnakis buscaram criar corpos menos complexos para os Sirianos Terrestres, já que eles haviam regredido consideravelmente ao longo de seus milhões de anos em encarnações animais.

Vou reforçar um fato fundamental: Nibiru era extremamente necessário para proteger a galáxia, mas estava morrendo devido à radiação. Agora entendemos por que a raça humana, necessária para garantir a sobrevivência da força estelar, foi criada dessa maneira extraordinária.

Após diversas análises de DNA, Ninhursag e Enki coletaram óvulos dos úteros das fêmeas Homo Erectus e os fertilizaram com o esperma do seu próprio povo. Os embriões resultantes foram implantados no útero das Anunnakis.

Nasceram assim 12 crianças da nova raça: os Homo Sapiens, que juntavam as habilidades dos primatas em evolução e o poder espiritual de um humano galáctico. Esses primatas, que antes possuíam almas animais, adquirem agora uma alma humana mais elevada.

Talvez este seja o momento em que você se pergunta: por que eles não deram uma versão mais aperfeiçoada à raça de trabalhadores?

Homo Erectus  Elo Perdido **Homo Sapiens**

Lembra-se de que os Sirianos Terrestres haviam passado um longo período encarnados nos animais? Durante esse tempo, eles se acostumaram à simplicidade desses seres. Para transferi-los, precisou-se criar um corpo que fosse funcionalmente semelhante ao corpo de uma alma da 2ª dimensão.

A transição do Homo Erectus para o Homo Sapiens confunde arqueólogos e cientistas até os dias de hoje, já que não existem evidências de uma evolução natural. Essa passagem foi um salto rápido e inexplicável para as almas que ainda não despertaram, por isso é conhecida como o *elo perdido*.

Enki e Ninhursag continuaram utilizando o método de gestação em mulheres Anunnakis para gerar novos Homo Sapiens por bastante tempo. No entanto, as genitoras acabaram cansando de engravidar constantemente. Como esses seres ainda não eram capazes de procriar entre si, realizou-se outro ajuste genético a fim de permitir isso. A nova raça que surgiu desta alteração foi chamada de *Lulus*, que significa "trabalhador primitivo" no idioma Anunnaki.

Os Lulus foram importantes para mostrar aos Sirianos Terrestres os benefícios do corpo humano aprimorado e se tornaram companheiros e professores para essas almas recém-transferidas.

Nessa transferência, Ninhursag desempenhou um papel fundamental, dando boas-vindas aos Sirianos Terrestres e cuidando deles. Ela era muito amada pelos Lulus, sendo considerada a mãe dessa nova raça ao passo que Enki era visto como o pai.

Apesar de alguns Anunnakis e Reptilianos enxergarem os trabalhadores como meros escravos, Ninhursag e Enki não compartilhavam desse sentimento e buscavam protegê-los. Como muitos eram vítimas de crueldade por parte de seus opressores, Ninhursag apelou veementemente para Enlil – que se tornara o Príncipe da Terra – conceder mais direitos e proteção aos Lulus.

Após a criação dos Homo Sapiens, cerca de 150.000 anos atrás, um novo período glacial teve início. Isso levou a uma regressão dos Lulus e de outras civilizações na Terra, pois a enorme preocupação com a sobrevivência impediu o progresso espiritual.

Algumas civilizações, como a Lemúria, tiveram que se refugiar abaixo da superfície para escapar da morte. Desde a destruição de Tiamat, diversas civilizações se desenvolveram em regiões habitáveis no interior da Terra. Essa região é chamada de Agartha.

As civilizações intraterrenas se desenvolveram quando as maiores catástrofes ocorriam na superfície, obrigando muitos a buscarem refúgio no interior do planeta. Elas existem há milhares de anos e são mais evoluídas, já que têm vivido por muito mais tempo.

Estima-se que existam cerca de seis dessas civilizações vivendo conosco hoje.

A Terra é oca e possui um centro, que funciona como a fonte de calor necessária para se manter a vida. Saiba que, no passado, a locomoção e o transporte eram realizados por meio de túneis: uma opção mais segura devido à presença de grandes animais e à falta de armas potentes, especialmente na era dos dinossauros. Além disso, o uso dos túneis também facilitou o transporte de mercadorias e recursos – algo essencial para o desenvolvimento dessas civilizações.

Por volta de 100.000 a.C., a temperatura da Terra começou a subir e a evolução espiritual dos humanos finalmente teve continuidade.

Durante esse período, os Anunnakis aprenderam a se relacionar com os Lulus. É importante ressaltar que os Anunnakis se relacionavam somente com as Lulus que possuíam almas dos Sirianos Terrestres, e jamais com aqueles que tinham apenas uma alma animal. Afinal, eles buscavam cônjuges com os quais podiam dialogar e se comunicar de forma inteligente.

Os filhos dessa união se tornariam indivíduos de grande estatura, pois carregavam genes dos Sirianos Etéricos – que podiam chegar a medir entre 3,30 e 3,60 metros.

Chamados de Nefilins, eles são mencionados três vezes na Bíblia: em Gênesis 6:4; Números 13:33 e Sabedoria 14:06.

Por volta de 75.000 a.C., ocorreu outra Era Glacial, levando a humanidade a regredir novamente para a sobrevivência do mais forte. O grupo conhecido como Homem Cro-Magnon, que é o mais recente e definitivo humano moderno da Europa Ocidental, sobreviveu intacto e continua a evoluir.

Cro-Magnon é o mais recente e definitivo humano moderno da Europa Ocidental. Dentre todos os outros, este grupo sobreviveu intacto para continuar evoluindo. Aqueles que morreram eventualmente encarnaram neste grupo, o qual lhes proporcionou uma aceleração evolutiva. Afinal, no momento de suas mortes eles estavam menos avançados em sua evolução física que os Cro-Magnons.

Por volta de 50.000 a.C., a Terra havia passado novamente por um período de aquecimento e a evolução humana voltou a pleno andamento.

Durante esse tempo, diversos impérios – como Yu, Rama, Lemúria, Egito e o novo império Maia – enviaram representantes para uma reunião na Atlântida. O objetivo era encontrar a melhor maneira de lidar com os dinossauros e outros grandes animais que estavam ameaçando a população humana.

Provavelmente você já ouviu falar sobre a solução drástica que foi escolhida para esse problema. Ela levaria à extinção dos animais e à morte de muitas pessoas, mas estava em equilíbrio com o Plano Divino da Terra.

A Hierarquia Espiritual, os Sirianos Crísticos, a Federação Galáctica e o Conselho Nibiruano se reuniriam para aprovar a destruição integral dos dinossauros. Nós fomos, então, brutalmente atingidos por um meteoro colossal que eliminou todos os imensos animais do planeta. O céu ficou tingido de vermelho, a fumaça se espalhou por toda parte e mais uma vez a vida na Terra não seria a mesma.

Seguindo a ordem da Hierarquia Espiritual Planetária e dos Sirianos Crísticos, os Humanos se protegeram no subsolo durante a destruição em massa. Em breve eles passariam por mais uma alteração… mas dessa vez, não seria física ou mental.

Enki e Ninhursag receberam a ordem de melhorar os corpos humanos visando o propósito da evolução espiritual.

Você se lembra do fractal de Jesus e líder dos Sirianos Etéricos? Naturalmente, o aperfeiçoamento Crístico foi feito através dele. Assim, Amelius nasceu como Adão – ou Adapa, como era conhecido pelos Anunnakis. Ele era Humano, Réptil, Felino e possuía uma linha sanguínea Cariana.

Seu embrião nasceu do esperma de Enki, que fertilizou o óvulo de uma Lulu. Esse óvulo fertilizado foi implantado no útero de Ninhursag, para que ela própria o gestacionasse.

Assim ela deu à luz a Adapa; ou como você o conhece, Adão. O bebê humano perfeito, que eventualmente seria responsável pela integração das polaridades. Isso significa que a humanidade carregaria tanto o DNA Reptiliano, quanto Humano.

Adão tinha 12 filamentos de DNA, que o possibilitariam se desenvolver em sua capacidade mental e espiritual máxima. Os DNA's Felino e Cariano foram adicionados para prover o impulso da energia de Amor dessas duas raças, que já haviam realizado a integração da Luz e das Trevas.

Enki e Ninhursag cuidaram de Adapa como pais muito atenciosos, ensinando a ele tudo que sabiam. Quando o menino tinha dois anos, foi usado o seu esperma para fertilizar um óvulo e gerar sua outra metade. Eles a chamaram de LiLith, mas nós a chamamos de Eva.

LiLith cresceu com Adapa, brincando no E.Din.

A partir de agora, deixarei que você faça suas próprias associações com maestria.

O fato mais importante sobre esse aperfeiçoamento é que ele pavimentou o caminho para a evolução espiritual dos Sirianos Terrestres, que estavam finalmente habitando apenas corpos humanos.

Adão e Eva tiveram filhos. Todos moravam no Jardim do Éden, junto de Enki e Ninhursag.

Enki criou ali a Fraternidade da Serpente, que funcionava como uma escola para ensinar conhecimentos genéticos, tecnológicos, geometria sagrada e manipulação de energia.

O brasão da escola era uma serpente, que também era o símbolo da família real à qual Enki pertencia. Adão, Eva e todos os seus descendentes foram alunos que aprenderam com ele na Fraternidade da Serpente.

No entanto, Enlil ficou furioso com o fato de Enki estar ensinando tanto a Adão, Eva e seus descendentes. Ele acreditava que as futuras gerações não estavam espiritualmente preparadas para lidar com o conhecimento e que a ganância faria a raça caminhar em direção ao abismo da autodestruição. Afinal, esse é o padrão observado nos planetas que atingem um alto nível de evolução tecnológica sem amadurecer espiritualmente.

Não é exatamente o que eu e você vemos acontecer todos os dias? Seres humanos matando uns aos outros, vendados pelo poder, e até mesmo criando armas nucleares capazes de destruir o planeta.

Enfim, Enlil estava muito preocupado com a nova raça criada por Enki, que possuía um DNA altamente evoluído de 12 fitas e um vasto conhecimento sobre manipulação de energia. Ele reconhecia a importância de seguir o Plano Divino e garantir que a evolução espiritual estivesse acima da tecnologia.

Com a intervenção da Federação Galáctica e da Hierarquia Espiritual, os dois filhos de Anu chegaram ao acordo de transferir Adão, Eva e seus filhos para um local fora dos limites do Éden. Desta forma, estariam protegendo tanto a raça quanto o resto do universo.

A Irmandade da Serpente continuaria existindo, mas pouquíssimos seriam treinados em cada geração. Isso marcou o início do sacerdócio na Terra, porém a Irmandade acabou se corrompendo. O motivo? A partir de tudo que foi dito por Enlil, vou deixar em aberto para que você tire suas próprias conclusões...

O registro bíblico que fala sobre Adão, Eva e a Serpente foi alterado pela Igreja Católica para criar o conceito do pecado, além do entendimento de que a mulher e seu erro foi a causa da queda do homem. Isso a faz ser vista como responsável pelo pecado e pela nossa condição de vivermos fora do paraíso.

Durante a criação da Bíblia, as igrejas buscavam abolir o sistema matriarcal que existia em todo o mundo. Nessa época, a figura da deusa deveria ser reprimida, da mesma forma que a figura da mulher. Liberte-se da história da Maçã porque ela nunca aconteceu, mas foi criada pelos patronos da Igreja com o objetivo de impor o pecado na humanidade.

Afirmava-se que somente eles podiam tolerar os pecados da humanidade através do sangue de Jesus Cristo. Entretanto, os testamentos encontrados nos apócrifos mostram que não existe pecado. O nome de Jesus, infelizmente, foi e ainda é muito utilizado pelas igrejas para controlar a humanidade.

Cristo é a encarnação de Sananda, uma consciência da 12ª dimensão que veio ao mundo para espalhar a percepção de que, assim como ele, somos todos filhos do Divino Criador. Ele nos trouxe a Fórmula da 13ª Dimensão da Compaixão e ensinou que evoluímos a partir dos quatro sentimentos divinos.

As igrejas pregavam que a única forma de sermos perdoados pelos nossos pecados era através delas; caso contrário, iríamos para o Inferno.

Da mesma forma, a tradição oral judaica também possuía o incidente do fruto, que não necessariamente era uma maçã.

Essa história foi inserida na tradição oral por volta de 2.000 a.C, por Marduk. Mas isso, literalmente, são cenas para os próximos capítulos.

Capítulo 6

O Terrível e Implacável Marduk

"Consideravam que era apenas uma questão de tempo até que a humanidade fosse destruída de qualquer maneira, fosse pelo Dilúvio ou pelas guerras estimuladas por Marduk."

Neste capítulo falaremos sobre Marduk e sua enorme participação na nossa história. Marduk era um dos filhos de Enki e acreditava que seu pai deveria ser o herdeiro da Terra e de Nibiru ao invés de Enlil.

O próprio Enki havia desistido de brigar pelo reinado e preferia trabalhar em seu laboratório, mas o neto da rainha dos dragões enxergava uma enorme importância na sua própria linhagem. Como era meio Nibiruano e meio Reptiliano, ele se sentia duplamente merecedor de dominar a Terra e passou a buscar incessantemente por poder.

A Atlântida era o lugar perfeito para iniciar o plano de dominação, visto que sua localização distante da Mesopotâmia, do Egito, e dos vigilantes olhos de seu tio e de seu pai.

Por volta do ano 25.000 a.C., Marduk começou a exercer sua influência na classe científica Atlante devido às suas poderosas habilidades que, inicialmente, eram utilizadas para fornecer poder bélico às aeronaves, navios e submarinos.

Aos poucos, ele ia conquistando a confiança do povo através da tecnologia Nibiruana e Reptiliana. Logo infiltrou-se na classe governante e se tornou a voz por trás do trono. Isto conduziu a sociedade dos Atlantes a muitas divergências, colocando o sacerdócio e as pessoas espiritualmente orientadas contra as pessoas gananciosas. Havia divisão em todas as classes, desde os governantes às pessoas comuns. Muitos Atlantes apoiaram Marduk, e muitos não o fizeram.

Em sua busca pela dominação mundial, Marduk tinha uma carta muito poderosa: o Cristal Gigante. Ele já havia conseguido atrair um cometa com um feixe de luz desse cristal, e usou isso para ameaçar as outras civilizações e mantê-las em submissão. Por volta de 11.000 a.C., a raça humana havia se deteriorado exatamente como Enlil alertara.

Marduk e seus aliados Reptilianos estavam influenciando os Atlantes a criar guerras pelo mundo a fim de expandir cada vez mais a sua dominação. A energia do grande cristal lhe garantia poder suficiente para lançar cometas em qualquer local da Terra, o que deixou praticamente todas as civilizações em suas mãos.

Foi exatamente isso que fez com a Lemúria, causando a destruição e o afundamento do continente inteiro. Não satisfeito, ele estava próximo de fazer o mesmo com os impérios Rama e Yu quando foi impedido por um fator pelo qual certamente não esperava.

Nibiru retornara para as imediações da Terra. Sabendo do caos que havia sido instalado no planeta, A Hierarquia Espiritual, a Federação Galáctica e os Felinos aproveitaram a aproximação da nave no nosso sistema solar para controlar o poder de Marduk. Ordenaram, então, que fosse criado um rompimento momentâneo no feixe de luz que segurava o cometa no lugar.

Dentro de minutos o cometa caiu sobre Atlântida, afundando o continente inteiro. Como se não bastasse, a aproximação de Nibiru na órbita da Terra desencadeou mais um fenômeno que você certamente já ouviu falar: o Dilúvio.

Decidiu-se que não alertariam os Humanos, afinal, consideravam que era apenas uma questão de tempo até que a humanidade fosse destruída de qualquer maneira, fosse pelo Dilúvio ou pelas guerras estimuladas por Marduk.

Quando o pranto dos céus começou a cobrir a Terra, os Anunnakis deixaram o planeta e se mudaram para uma plataforma espacial em órbita. Este foi um dos momentos mais dolorosos, pois eles precisaram testemunhar a destruição de mais de 400.000 anos de trabalho, de suas crianças e de toda a Humanidade.

A tentativa de integração das polaridades havia falhado novamente. No entanto, acredito que você consiga desvendar qual foi o sopro de esperança que veio a seguir.

Os Anunnakis não sabiam que Enki havia ajudado Noé a construir uma embarcação para alojar ele, sua família e parte do seu povo. Por mais que aquilo fosse uma ruptura na decisão do conselho, eles ficaram muito agradecidos pela decisão. Sem esta minúscula quantidade de sobreviventes Humanos, teria sido infinitamente mais difícil recomeçar todo o trabalho.

Após a inundação, os Anunnakis retornaram à Terra para reconstruí-la. Enki e Enlil forneceram sementes, instrumentos para lavoura e o conhecimento de agricultura para Noé e sua família. Eles, então, começaram a cultivar no sopé do Monte Ararat, local em que o submarino havia assentado quando as águas baixaram.

76 | *Expansão da Consciência*

Por volta de 10.500 a.C., a Mesopotâmia havia se recuperado juntamente com outras áreas. A Humanidade, por sua vez, já havia se multiplicado e disseminado novamente. A estação espacial foi reconstruída, mas desta vez no Monte Moriah, que se tornou conhecido como Jerusalém.

Você sabia que, recentemente, cientistas e arqueólogos comprovaram que as pirâmides foram construídas antes do dilúvio e conseguiram sobreviver à catástrofe? O único, porém, é que foi necessário desenterrá-las: estavam cobertas por areia e lixo orgânico.

Por volta de 9.000 a.C., tudo retornara ao seu pleno ritmo. Enki havia devolvido o governo do Egito aos seus descendentes, Osíris e Seth.

Marduk, por sua vez, fora banido do Egito depois do seu desastre Atlantiano – seu pai não o considerava mais digno de confiança.

Até 3.400 a.C., a paz reinou no planeta e a realeza de Nibiru desceu do céu para a Terra.

A Humanidade havia finalmente oferecido provas concretas de que já poderia governar a si mesma. Assim teve início a nova linhagem de Reis-sacerdotes, meio Nibiruanos ou Pleiadianos, meio Humanos-terrestres. O período Neolítico começou e a Terra conheceu seu primeiro governante meio-Nibiruano, chamado de Alulim. Por aqui, as pessoas o consideravam um semideus.

Foi então que, por volta de 3.400 a.C., a paz foi quebrada novamente por Marduk.

Pronto para colocar em prática seu segundo plano, ele se tornou governador da Babilônia e supervisionou os babilônios a construírem a própria aeronave e plataforma de lançamento – a Torre de Babel.

A Hierarquia e a Confederação precisaram intervir mais uma vez. Optaram então por embaralhar o idioma da Humanidade, pois acreditava-se que isso reduziria a velocidade do progresso tecnológico babilônico e da tentativa de dominação mundial por parte de Marduk.

Com a confusão de linguagens, eles perderam a capacidade de se comunicar entre si, o que irritou profundamente o soberano: ele havia gastado muitos anos ensinando uma outra língua a aquele povo para tê-los trabalhando juntos no mesmo projeto.

Foi também durante esse tempo que ocorreu a decisão de mudar novamente a estrutura do DNA humano, suprimindo suas habilidades psíquicas. A Hierarquia Espiritual e a Confederação Galáctica sabiam que, desconectando dez das doze fitas de DNA, a raça teria sua capacidade evolutiva consideravelmente reduzida.

Enki e Ninhursag regressaram ao laboratório em Shuruppak e desataram as fitas de DNA, colocando implantes nos corpos astrais para impedir que as fitas se reagrupassem.

Em seguida, desconectaram as dez fitas do sistema endócrino no corpo físico, o que interrompeu a produção de uma substância química que ativa as glândulas pineal, pituitária e hipotálamo. Assim, elas se atrofiaram por falta de uso.

Somente alguns humanos poderiam utilizar essas glândulas nas gerações futuras. Para esse propósito, deveriam carregar um gene especial.

Foi decidido também que uma pequena porção da humanidade poderia se comunicar com os Anunnakis, possibilitando que os Humanos permanecessem no curso da evolução espiritual. Você conhece esses indivíduos como profetas, místicos, xamãs e paranormais.

A Humanidade permaneceria com a capacidade de ativar as glândulas, mas isso exigiria uma dedicação genuína.

Já as 10 fitas de DNA seriam reativadas somente quando a humanidade fosse capaz de evoluir espiritualmente, baseada nos quatro sentimentos divinos. Dessa forma, estaria preparada para receber todo o poder psíquico mental, o conhecimento sobre a geometria sagrada, a manipulação da energia e a tecnologia avançada dos seus ancestrais.

Tente visualizar como você acha que seriam esses Humanos. Como estaria a Terra quando essas linhas da nossa história finalmente fossem escritas?

A resposta está ao seu redor. Você, eu e toda a humanidade estamos passando pela Transição Planetária neste exato momento, recebendo a única oportunidade que teremos em bastante tempo de ascensionar espiritualmente.

Mas não se preocupe: voltaremos detalhadamente nesse assunto em breve.

Continuando a nossa linha do tempo, a Terra ainda não estava livre de Marduk. Na verdade, ele ainda possuía muito poder e passou a ser responsável por diversas alterações no rumo do planeta. Foi nesta época que as mulheres diminuíram em estatura e foram consideradas inferiores na espécie, junto das crianças.

Marduk influenciou na criação das igrejas para apagar a existência da Deusa – a primeira da Terra – e o modo de vida pleiadiano comunitário que haviam recebido dos Fundadores do Universo.

Mulheres que lideravam comunidades eram reprimidas, estigmatizadas como bruxas e queimadas na fogueira. O processo perpetuou toda a época escura da Idade Média, terminando somente no final do século 18 d.C.

Essa foi a maior interferência de Marduk para atingir o controle absoluto da Humanidade. Ele proclamou a si mesmo como o "Deus entre os deuses". Depois, nomeou-se somente "Deus". Sua influência foi forjada pelo medo, e essa estratégia perdura até os dias de hoje.

Marduk é o 4º aspecto dimensional de Satã, também conhecido por Baal.

Ele iniciou a construção dos três pilares de dominação do mundo, sendo o primeiro deles a doutrinação da Igreja Católica Romana.

Capítulo 7

A Intensa Trajetória do Cristianismo

*"Nossa realidade hoje é um espelho do que já ocorria
desde essa época: grande parte da população
se deixando escravizar, condicionada pelo medo,
pela insegurança e pela desinformação."*

A Palestina, reconhecida como o berço do cristianismo, é uma região importante devido às rotas comerciais que passaram por lá.

No século 4 a.C., surge Alexandre III da Macedônia. Conhecido como Alexandre, o Grande, foi um dos maiores conquistadores da história. Ele havia adotado uma estratégia persa, que consistia em conquistar a simpatia e o respeito dos povos dominados, ao invés de oprimi-los.

O Império de Alexandre, o Grande (334-323 a.C.)

Além disso, o rei também abraçou a cultura local, casando-se com mulheres nativas, fundindo religiões e aprendendo a língua dos povos conquistados.

Alexandre foi educado com os valores gregos de expansão territorial e unificação, consolidados na cultura do Helenismo. Ele levou esses princípios para o seu povo, promovendo a difusão da língua, da estética, da cultura e da filosofia gregas.

Como resultado do Helenismo, o grego tornou-se o idioma oficial em toda a Palestina e os antigos testamentos em hebraico foram traduzidos, formando a Septuaginta.

Alexandre faleceu em 323 a.C. Logo em seguida surgiu o Império Romano, que trouxe uma unidade política única na época. Os romanos investiram em infraestrutura, tecnologia na construção de estradas e em um espírito organizado e prático. Além disso, prezaram reforçar maciçamente a segurança das estradas que construíam por todo o império até todo o Mar Mediterrâneo. Isso ajudou a pregar o evangelho de forma segura e crescente em todo o império.

Com o Helenismo, o judaísmo se fragmentou e enfraqueceu. Essa era a situação ideal para a vinda de Jesus à Terra.

A Igreja teve sua origem em Jerusalém, com Jesus e seus apóstolos. Inicialmente, até mesmo os apóstolos acreditavam que a mensagem do evangelho era exclusiva para os judeus. Foi necessário algum tempo para eles compreenderem que a mensagem de Jesus era destinada a todas as pessoas, independentemente da sua origem ou crença.

Com o tempo, o número de cristãos ficou maior que o de judeus e, em 54 d.C., subiu ao poder um homem chamado Nero.

Em 64 d.C., Roma ardeu em chamas. O povo odiava aquele governante, e muitos acreditaram que ele próprio havia causado o incêndio devido ao projeto ambicioso que ele apresentou para a revitalização da capital.

Para eliminar as suspeitas sobre sua imagem, Nero procurou uma solução. Ele percebeu que algumas áreas de Roma que não haviam sido queimadas eram habitadas por cristãos. Então utilizou-os como bodes expiatórios, culpando-os pelo incêndio.

A partir desse momento, o Império Romano iniciou uma grande perseguição aos cristãos. O imperador emitiu um decreto ordenando que todos fossem mortos de diversas formas, como em arenas de gladiadores ou até mesmo como tochas humanas.

Em 68 d.C., Nero cometeu suicídio e a perseguição diminuiu, permitindo o crescimento da igreja até 81 d.C., quando Domiciano assumiu o trono.

No entanto, esse imperador que havia dado continuidade à perseguição foi considerado louco e acabou sendo morto dentro do próprio palácio. Isso trouxe mais um período de paz para os cristãos.

Em 98 d.C., Trajano ascendeu ao trono imperial. Ele estava mais focado no crescimento do império do que na perseguição aos cristãos e, embora tenha decretado a proibição do cristianismo, o Estado não se esforçou muito para impedir sua propagação.

Apesar de algumas punições pontuais, a igreja continuou a crescer e se expandir.

Por outro lado, os ensinamentos de Jesus estavam conquistando vários fiéis que não tinham um líder estabelecido ou uma organização centralizada. Isso gerou ideias conflituosas entre os próprios cristãos e fez com que a igreja se organizasse com três respostas: o Cânon, o Credo e a Apostolicidade.

A partir do cânon, criou-se a Bíblia. Já o credo limitou as pessoas ao que e em quem podiam acreditar. Por sua vez, a Apostolicidade consistia nas mensagens dos apóstolos. Assim nasceu a Igreja Católica Antiga, unida por uma única Bíblia, credo e organização.

Imagino que você já deve estar cansado da perseguição aos cristãos só de ler esse trecho, mas ainda não acabou.

As perseguições voltaram com força total através dos imperadores Décio, em 249 d.C., e Diocleciano, em 284 d.C. Ambos confiscaram terras, destruíram igrejas, prenderam e mataram cristãos. O decreto oficial era que todos os romanos deveriam adorar aos deuses gregos para que a glória pudesse retornar ao império.

Atena, Apolo, Afrodite, Zeus, Poseidon, Hades, Hermes, Ártemis e Ares, entre outros, deveriam ser adorados como deuses romanos.

E se você achava que até então já havia sido demais, agora sim a perseguição aos cristãos se torna sistemática.

Diocleciano decretou que todos os manuscritos cristãos fossem queimados. Ele também dividiu o império em quatro regiões com diferentes imperadores: Constantius Caesar, Maximiano Augustus, Galerius Caesar e Diocleciano Augustus.

O Império Romano abrangia a Europa, o norte da África e parte do Oriente Médio. Houve muitas discussões e brigas políticas entre os imperadores, cada um com sua própria agenda e visão, o que tornava a situação bastante complexa.

Constantino, cuja mãe era cristã, teve uma visão de Deus pouco antes de uma batalha contra Roma, na qual lhe foi dito que venceria sob o sinal da cruz. Ele então mandou que todos os seus soldados pintassem uma cruz em seus escudos, saindo vitorioso.

Após essa experiência, Constantino se tornou um cristão e, em 313 d.C., assinou o Edito de Milão, finalmente concedendo liberdade religiosa a todos os cristãos.

Com a ascensão de Constantino ao poder em Roma, o cristianismo passou por uma grande transformação. Os cultos cristãos não precisavam mais ser realizados às escondidas: agora podiam acontecer em templos, basílicas e igrejas.

Com essa mudança, a decoração, os ornamentos, as roupas luxuosas e a riqueza passaram a ser explorados e considerados como dádivas divinas. Além disso, os bispos adquiriram autoridade espiritual, real e social, com poder de decisão.

Durante esse período, Marduk estava planejando usar a igreja como uma ferramenta de controle da população. É importante lembrar que, de acordo com o Código da Federação Galáctica, uma raça não pode intervir diretamente na outra. Marduk, os Reptilianos e os Arcontes não agem diretamente na Terra, mas utilizam seres humanos dispostos a vender suas almas em troca de poder, dinheiro e controle. É através da nossa manipulação que conseguem controlar a humanidade.

Portanto, se não existissem Humanos dispostos a se submeterem, eles não seriam capazes de atingir seus objetivos.

Continuando, a Igreja começou a se relacionar fortemente com Constantino. O cristianismo tornou-se oficial no Império Romano, e a estreita relação com o imperador ajudou a Igreja a se organizar como um estado de governo próprio.

Surgiram os arianos, que criaram mais uma divisão na Igreja ao negarem a divindade de Jesus. Como resposta, Constantino convocou o Concílio de Nicéia e reuniu todos os bispos para que fossem debatidas questões teológicas.

O arianismo foi considerado heresia, o que fez o movimento ser expulso da igreja. No entanto, até mesmo o imperador acabou cedendo à teoria dos arianos por inclinação própria e para evitar um impasse político.

Essa situação persistiu até a ascensão de Teodósio, em 379 d.C., que convocou o Concílio de Constantinopla e excluiu definitivamente a teoria dos arianos.

Após a queda do Império Romano, a Igreja Católica se tornou a única organização unificada e fortalecida, o que lhe deu uma oportunidade de poder através do papado.

Simultaneamente, os bárbaros passaram a invadir as regiões antes controladas pelo Império Romano, deixando a Igreja como estrutura única ainda presente em todos esses lugares.

Com isso, a Igreja se tornou a principal instituição de poder e influência. Surgiu a Igreja Cristã Ocidental, liderada pelo bispo sediado em Roma.

Os Arcontes já tinham planejado todos esses acontecimentos. Eram especialistas na manipulação da linha de tempo e esperavam apenas a consumação da sua estratégia de dominação.

O bispo romano se tornou o papa, considerado o bispo dos bispos e submisso a Marduk e aos Arcontes. O primeiro papa foi Leão I, que governou por 61 anos, de 460 a 461 depois de Cristo. Durante as invasões bárbaras na Europa, ele conseguiu manter a paz e isso lhe concedeu muito poder.

A partir desse momento, o Papa passou a ser considerado praticamente tão poderoso quanto Jesus, detentor da palavra de Deus. Esse acordo abriu as portas para que a Igreja entrasse em seu período mais sombrio, com eventos como as Cruzadas e as inquisições.

A Igreja Católica proclamou-se como o principal pilar de dominação da humanidade pelos Arcontes e Marduk. Ela governava a maior parte da Europa e um pedaço do Oriente Médio, através da doutrinação e da força armada para controlar os territórios.

A Bíblia e os cultos eram manipulados para doutrinar as pessoas, declarando-as como pecadoras e inferindo que o sofrimento era necessário para que alcançassem a redenção e o paraíso. Portanto, todos deveriam trabalhar duro, abdicar completamente dos prazeres e servir cegamente à Igreja.

Com o tempo, as vilas e os vilarejos cresceram e a instituição percebeu a necessidade de centralizar seu poder administrativo nesses locais. A partir da coroação de Carlos Magno pelo Papa em 800 d.C., a sociedade europeia foi organizada em torno do feudalismo e da monarquia. Os reis passaram a servir às igrejas locais, que por sua vez, serviam ao Vaticano.

Tudo isso era administrado pelo medo do castigo, pelo pagamento de impostos e pelas guerras dentro desse sistema de controle e servidão.

A maior parte da produção era entregue em forma de impostos à realeza, que posteriormente chegavam ao Vaticano. Em troca, a Igreja oferecia a benção de Deus, o perdão pelos pecados e atrocidades cometidas pelos reis e nobres e, é claro, a proteção armada do Vaticano. Com isso, acumulavam-se alimentos, utensílios, armas e grande quantidade de ouro.

Recentemente, descobriu-se mais de 60.000 toneladas de ouro nos túneis do Vaticano durante a Operação Storm – que será explicada nos capítulos seguintes. Esse ouro foi roubado de diversas regiões da Europa e do Oriente Médio durante os anos de dominação da Igreja Católica Romana.

Os reis que enviavam mais ouro ao Vaticano supostamente recebiam mais bênçãos de Deus. Durante o período em que a Igreja Católica Romana dominou, inúmeras mulheres e pessoas mais espiritualizadas foram consideradas bruxas e executadas em público.

Comece a reparar que a nossa realidade hoje é um espelho do que já ocorria desde essa época: grande parte da população se deixando escravizar, condicionada pelo medo, pela insegurança e pela desinformação.

Durante a Inquisição, assolaram com o fogo tudo que envolvesse outras crenças. Queimaram tanto pessoas de religiões diferentes quanto os documentos relacionados aos apóstolos e aos seus verdadeiros ensinamentos. A religião, em si, foi alvo de destruição. Lembrando que, por esse motivo, muitos livros e apócrifos foram enterrados ou escondidos em cavernas.

Infelizmente, a Igreja também foi responsável pela queima da Biblioteca de Alexandria, causada pela perda de grande parte do patrimônio histórico deixado por nossos pensamentos. Hoje, uma arqueologia moderna é capaz de encontrar esses materiais enterrados ou escondidos.

Capítulo 8

O Inestimável Conhecimento Gnóstico

"A Matrix é um sistema que gera uma realidade moldada pelo medo e diversos outros sentimentos de baixa vibração, manipulando a percepção..."

Neste capítulo, nosso principal assunto será o gnosticismo no início do cristianismo.

No período dos cristãos gnósticos, existia a crença de que a salvação vinha por meio de um conhecimento distinto e que Jesus não era Deus, mas apenas um espírito.

Acreditava-se que a matéria corporal era ruim e, portanto, Deus não poderia tê-la criado tal como é. Em vez disso, a criação desse mundo seria obra de um deus inferior chamado Demiurgo, que aprisiona as almas humanas em corpos materiais.

Sempre houve uma imensa distinção entre o Deus do Antigo Testamento e o Deus do Novo Testamento.

O Deus do Antigo Testamento era retratado como mau, punitivo e irado. Esse Deus era Enlil. Já o Deus do Novo Testamento era visto como amoroso e benevolente, que era Enki.

Se você analisar as diferentes crenças antigas, poderá perceber que embora os nomes sejam diferentes, eles contam a mesma história.

O gnosticismo foi o sistema de crenças retratadas na Grande Biblioteca de Alexandria. O local foi incendiado por guardar informações e conhecimentos capazes de derrubar as verdades impostas, sobretudo, pela Igreja Romana. Ali estava o maior acervo gnóstico que nós tínhamos acesso.

Além disso, você se lembra de que foi encontrada uma grande quantidade de escritos gnósticos naquela jarra em uma caverna no sul do Egito?

Entre os documentos encontrados estavam os Evangelhos de Tomé, Maria Madalena, Tiago, João e outros escritos ou transcrições dos apóstolos que caminharam com Jesus.

A Bíblia de St James ou King James que lemos hoje em dia é uma seleção de textos manipulados pela Igreja nos primeiros séculos do cristianismo. Na época, muitos outros escritos, inclusive os evangelhos dos apóstolos que conviveram com Jesus, foram excluídos por serem considerados não canônicos. Essa exclusão foi baseada em critérios subjetivos determinados pela Igreja, que determinou quais textos eram considerados verdadeiros ou falsos.

No entanto, os textos excluídos da Bíblia são de extrema importância para compreendermos a história e as crenças dos primeiros cristãos. A Igreja afirmava que os apóstolos eram ignorantes e pobres, mas segundo esse conhecimento secreto, alguns tinham riquezas e até mesmo sabiam ler e escrever, o que não era comum na época.

Os 13 códices incluem informações importantes sobre os Arcontes, que são uma força manipuladora responsável pelo aprisionamento dos seres humanos. Embora eles sejam frequentemente considerados uma raça alienígena, os textos os descrevem como uma forma de energia que atua fora do alcance humano. Há partes dos códices, inclusive, que apresentam Jesus alertando sobre os Arcontes.

Os textos de Nag Hammadi falam dos Arcontes como esses seres não humanos, criados pelo Demiurgo. Em termos de comparação, o Demiurgo seria o Diabo e os Arcontes seriam os demônios. Além disso, os códices afirmam que a realidade na qual vivemos foi criada por eles, que manipulam a psique humana para controlar nossas percepções.

Os Arcontes são sentidos como seres parasitas, que se alimentam da sociedade humana de diversas formas e não possuem uma centelha divina da vida.

Outras culturas, como a islâmica, possuem conceitos semelhantes. De acordo com essa visão, as famílias que controlam a humanidade também atuam como parasitas, pois sofrem influência dos Arcontes.

Como não possuem a capacidade de nos controlar diretamente, eles operam através daqueles que se submetem, estabelecendo um sistema de controle da realidade que é conhecido como Matrix.

Provavelmente você já ouviu esse termo em diversos momentos da vida. A Matrix é um sistema que gera uma realidade moldada pelo medo e diversos outros sentimentos de baixa vibração, manipulando a percepção dos Humanos e os fazendo acreditar que essa é a única realidade existente.

Os Arcontes são os responsáveis por criar essa Matrix, pois têm a capacidade de confundir a psique de uma grande parte da humanidade.

Talvez você já tenha associado a mídia a tudo isso. De fato, ela desempenha um papel crucial no sistema, divulgando inúmeras notícias que fortalecem esses sentimentos baixos nas pessoas e as mantêm aprisionadas. Como resultado, passam a acreditar que a realidade é composta somente por fatores negativos, como guerras, assassinatos e estupros; ignorando assim os milagres diários que acontecem na vida.

Esse sistema tem se mantido há milhares de anos, criando uma massa crítica gigantesca que é comandada pelo medo e pela insegurança.

A primeira invasão dos Arcontes no plano físico da Terra ocorreu em 3600 a.C., com o propósito de destruir a veneração à Deusa das culturas neolíticas, que representava a energia feminina e ligava os humanos à criação divina.

A segunda invasão aconteceu por volta de 300 d.C., visando destruir as escolas de Mistérios, os grupos de cristãos gnósticos e a veneração pagã da natureza. Seu objetivo era substituir essas crenças pela programação mental através do culto cristão.

No decorrer do tempo, a sociedade foi crescendo e com isso surgiu a necessidade de um meio para facilitar as transações e arrecadação de impostos.

Foi então que a riqueza das pessoas passou a ser medida em dinheiro, que viria a se tornar o segundo pilar de dominação da humanidade.

Os Arcontes, juntamente com Marduk, planejaram todo esse processo estratégico. É importante lembrar que Marduk foi o deus cultuado na primeira civilização babilônica, a qual originou o sistema bancário e o dinheiro sem lastro. O ouro havia sido introduzido como moeda na Babilônia e utilizado para transações comerciais, substituindo o sistema anterior de troca de produtos.

Em meados de 393 d.C., houve uma nação do Leste Europeu cujo rei era conhecido por sua maldade. Como você verá a seguir, esse período é considerado um dos mais importantes e controversos na história da humanidade.

Capítulo 9

Quem Está Nos Fazendo de Marionetes?

"Imagine alguém prendendo um animal em uma jaula, dando comida e dizendo que está fazendo isso para protegê-lo, pois se estivesse livre na selva ele correria perigo. Bom, é exatamente o que estão fazendo com você neste exato momento."

Na corte do rei da Khazária, eram praticados cultos antigos de artes negras babilônicas para servir Marduk e os Arcontes. Para você ter uma noção, a Khazária é o que hoje nós conhecemos como Ucrânia. Você acredita em coincidências?

Os Khazarianos, conhecidos por serem ladrões, assassinos e bandidos de estrada, conseguiam assumir a identidade dos viajantes os quais assassinavam. Eram mestres do disfarce e isso fazia parte da sua vida cotidiana.

Os cidadãos das nações vizinhas, especialmente da Rússia, estavam cansados dos atos violentos daquele povo. Diante disso, seus respectivos líderes decidiram se unir e entregar uma carta de ultimato ao rei Khazariano.

Nessa carta, os líderes exigiram que ele escolhesse uma das três religiões abraâmicas – cristianismo, judaísmo ou islamismo – para torná-la oficial. O objetivo era que os Khazarianos se convertessem e abandonassem os antigos cultos babilônicos.

O rei decidiu escolher o judaísmo como a religião oficial do povo e se comprometeu a cumprir as exigências impostas pela confederação das nações vizinhas.

No entanto, apesar da oficialização do judaísmo, o monarca Khazariano e sua corte continuaram a praticar a antiga magia negra. Conhecida como satanismo secreto, essa prática envolvia cerimônias ocultas inspiradas na veneração a Baal – Marduk – e incluíam o sacrifício de crianças, seguido pelo consumo do sangue e dos seus corações.

O rei uniu essas práticas ao judaísmo e criou uma religião secreta chamada de Talmudismo Babilônico.

Os Khazarianos continuaram a cometer crimes, roubos e assassinatos a todos aqueles que atravessavam seu território. Se tornaram ainda mais habilidosos como mestres dos disfarces e das identidades falsas, uma prática que perdura até os dias de hoje.

Em torno de 1200 d.C., os russos lideraram um grupo formado pelas nações vizinhas para invadir a Khazária, destituir o rei e acabar com os crimes cometidos por aquele povo, incluindo o sequestro de bebês para as cerimônias de sacrifício.

Como os Khazarianos possuíam espiões disfarçados em todos os lugares, eles foram alertados antecipadamente e conseguiram fugir para nações a oeste, levando consigo sua fortuna em ouro e prata. A partir dessa invasão, se tornaram conhecidos globalmente como Máfia Khazariana, ou MK.

Eles se reorganizaram e assumiram identidades secretas para continuar suas atividades criminosas, mas não abandonaram as práticas de prazeres e rituais satânicos. Acreditavam que, continuando sua adoração a Baal, conseguiriam dominar o mundo e obter riquezas ilimitadas.

Com esse objetivo em mente, os Khazarianos planejaram invadir a Inglaterra e contrataram o general Oliver Cromwell para executar o rei Charles I. Dessa forma, fizeram do país um lugar seguro para suas operações financeiras. Essa conspiração gerou uma série de guerras civis internas na Inglaterra, que duraram quase dez anos e resultaram na morte da família real e de centenas de membros da nobreza genuína.

A violência exacerbada culminou no estabelecimento de Londres como capital financeira da Europa, o que lançou as bases para o desenvolvimento do Império Britânico.

A City of London é um estado independente da Inglaterra, com seu próprio governo e sistema financeiro. Apesar de possuir uma área geográfica muito pequena, com cerca de um quilômetro quadrado, trata-se de um dos maiores centros financeiros do mundo.

Sua história remonta aos tempos medievais e sempre foi repleta de poder e influência. É conhecida como a "Square Mile" ou "The City" e tem sua própria polícia, prefeito e governança.

Algumas pessoas acreditam que a City of London não é regida pelo governo do Reino Unido, mas sim por interesses corporativos e financeiros poderosos, exercendo uma grande influência na política e economia do país. Além disso, há aqueles que creem que a City of London possui um sistema bancário secreto e que é um centro de lavagem de dinheiro e evasão fiscal.

Naquela época, o transporte de ouro e prata era uma tarefa arriscada devido aos Khazarianos, que continuavam a roubar e assassinar viajantes em toda a Europa. Com sua enorme fortuna, a Máfia Khazariana decidiu criar um sistema bancário baseado no conceito do dinheiro mágico babilônico, também conhecido como *a arte secreta de ganhar dinheiro do nada*.

Não há como negar que esse é um termo interessante. Você consegue supor como é possível "ganhar dinheiro do nada"?

Esse sistema se baseava em juros abusivos e excessivos, que permitiam acumular fortunas em pouco tempo. O MK emitia certificados de crédito em papel para depósitos de ouro e prata, oferecendo aos viajantes uma forma mais segura de transportar seu dinheiro.

É irônico que a causa da insegurança dizia respeito à grande quantidade de roubos que eles mesmos praticavam, e agora estavam oferecendo a solução.

Esse novo sistema bancário foi o início do que hoje conhecemos como sistema bancário internacional.

Dinheiro Mágico Babilônico

No passado, as transações comerciais na Babilônia eram feitas por meio de trocas de produtos. No entanto, esse sistema apresentava problemas quando uma pessoa não queria trocar seu produto pelo que a outra pessoa estava oferecendo.

Como solução, um ourives teve a ideia de usar o ouro como moeda. Entretanto, surgiram assim outros problemas, como a complexidade para o troco e o peso excessivo do metal. Além disso, os roubos de ouro começaram a ocorrer aos montes.

Para resolver essas novas questões, as notas de papiro foram criadas e passaram a representar o valor do ouro. Nasceu assim o primeiro banco, onde as pessoas podiam trocar seu ouro por notas e realizar transações mais facilmente.

Os banqueiros perceberam que a maioria das pessoas não retornava ao banco para trocar o papel pelo ouro equivalente, resultando em grandes acúmulos do metal. Com essa descoberta, passaram a imprimir mais papel do que o lastro em ouro que possuíam.

Então começaram a comprar terras e outras posses, comprar os políticos e, principalmente, emprestar dinheiro com juros excessivos, enriquecendo-se ainda mais.

A falta de controle sobre a quantidade de dinheiro em circulação permitiu que eles continuassem com as fabricações exageradas, sem nenhum tipo de conferência ou limite.

O "dinheiro mágico babilônico", como foi chamado, era o produto dessa ideia de imprimir dinheiro sem lastro e sem controle. Foi exatamente assim que a máfia Khazariana acumulou uma quantidade imensa de riqueza e poder.

Essa prática, utilizada até os dias de hoje, é conhecida como sistema financeiro FIAT. Portanto, o valor do dinheiro é baseado na confiança que as pessoas têm no sistema financeiro e na economia em geral.

O rei Khazariano e sua corte se infiltraram na Alemanha, formando um grupo chamado Bauers. Esse era, nada mais e nada menos, do que a representação do sistema financeiro malévolo em nome de Baal.

Os Bauers, conhecidos por seus desejos ao sangue de crianças, mudaram o nome para Rothschild, que significa "filho da rocha, Satanás".

A partir daí, os Rothschild se tornaram uma das famílias mais influentes e ricas do mundo. Eles utilizaram o dinheiro mágico babilônico para acumular fortunas e expandir seu poder em vários setores da sociedade.

No século XVIII, Amschel Mayer Rothschild fundou um banco na Alemanha com o apoio da máfia Khazariana e treinou seus cinco filhos para sucedê-lo. Esses filhos se infiltraram no sistema bancário europeu e no sistema bancário central da Cidade de Londres.

Para alcançar esse objetivo, os Rothschild recorreram a várias operações astutas, como o financiamento de dois lados inimigos em alguns confrontos. Um grande exemplo dessa estratégia é a guerra entre a Inglaterra e Napoleão.

Esse esquema permitiu que os Rothschild enganassem e roubassem as riquezas da nobreza inglesa e da pequena burguesia, investidas na City of London.

Uma vez que haviam sequestrado o sistema bancário britânico, eles se infiltraram e se misturam com a aristocracia britânica, sequestrando toda a Inglaterra e suas principais instituições.

A MK empreendeu um esforço internacional para derrubar todos os reis que governavam pelo Divino Direito do Deus Pai Todo Poderoso. No século XVII, assassinou a realeza britânica para substituí-la por impostores e executou o Arquiduque austríaco Ferdinand para iniciar a Primeira Guerra Mundial.

Em 1917, a MK Rothschild utilizou seus bancos centrais para financiar a infiltração bolchevique – de revolucionários comunistas – na Rússia e planejar a Revolução Russa.

Como você provavelmente já ouviu falar, essa revolução foi uma das mais sangrentas e desumanas da história, com mais de 100 milhões de pessoas torturadas e assassinadas, incluindo mulheres, crianças e bebês.

A Revolução Russa resultou na queda da monarquia russa e no estabelecimento do Partido Bolchevique, liderado por Vladimir Lênin.

A Máfia Khazariana não poupou esforços para eliminar qualquer um que pudesse ameaçar o seu poder. Antes mesmo da Segunda Guerra Mundial, eles assassinaram os reis da Áustria e da Alemanha, além de descartarem a aristocracia chinesa e o governante japonês.

A motivação por trás desses assassinatos era o ódio intenso da família Khazariana por qualquer religião que não adorasse Baal. Eles queriam garantir que nenhum governante com crenças diferentes voltasse a governar.

A MK agiu da mesma forma com os presidentes americanos que se opuseram às suas ideias. Assim, realizaram-se operações secretas para derrubar governantes e até mesmo assassinar alguns deles, como McKinley, Lincoln e JFK.

A Igreja Católica, através do Vaticano, já controlava as crenças, a religião e a doutrinação da humanidade, ao passo que a MK-Rothschild dominava as finanças. Marduk precisaria, agora, do terceiro pilar de dominação para que completasse seu plano de controle integral da Terra.

Com o progresso da humanidade em curso, a MK e os Rothschild precisavam de um novo mercado que gerasse mais consumo, mais juros e mais fortunas. Além disso, também queriam um apoio militar robusto.

Finalmente, a Europa havia se tornado pequena demais para suas ambições. Será que você consegue deduzir qual foi o próximo alvo?

Os Estados Unidos da América eram o lugar ideal: uma nação gigantesca, com o crescimento populacional acelerado.

O plano era montar um banco central americano e alavancar em grande escala o desenvolvimento dos EUA; gerando mais negócios, giro de dinheiro, empréstimos, financiamentos e, por consequência, o que mais queriam: juros colossais.

Subornando membros traidores do congresso americano, a MK aprovou o ato da Reserva Federal, que era inconstitucional, sem o quórum necessário. A lei foi assinada pelo presidente Thomas Woodrow Wilson, em um ato totalmente corrupto.

A MK implantou então um sistema tributário de impostos, também ilegal e inconstitucional, para que os próprios americanos pagassem as despesas do alto nível do governo americano.

Dessa forma, ficaria fácil conseguir mais recursos para eleger quem eles quisessem.

Acredite: se você controlasse o banco central Federal Reserve, que por acaso é um enorme falsificador de dinheiro, você poderia fazer absolutamente qualquer coisa que quisesse na 3ª dimensão.

Nessa mesma época, a MK subornou os congressistas para aprovar o Internal Revenue Service (IRS), que é a sua agência privada de cobrança de imposto de renda, sediada em Porto Rico.

Logo depois, criaram o Federal Bureau of Investigation (FBI) para proteger os seus banqueiros gangsters, servir suas necessidades de encobrimento e evitar eventualmente que fossem processados por seus rituais de sacrifício de crianças e rede de pedofilia. Além disso, o FBI também serviu a eles como uma rede de informações secretas de inteligência.

A MK Rothschild elaborou um plano para se infiltrar no judaísmo e moldar os judeus conforme o Talmudismo Babilônico. Eles já haviam adotado uma religião e, com sua influência nos bancos de Wall Street, no Congresso Americano e nos principais meios de comunicação, tinham um controle considerável sobre a população judaica nos Estados Unidos.

Essa manipulação incluía lavagem cerebral para apoiar as agendas políticas e financeiras da MK Rothschild, que frequentemente conflitavam com os interesses dos judeus em geral.

Dessa forma, a MK Rothschild poderia transferir riqueza e sucesso a eles, ao passo que os utilizava como marionetes, informantes e agentes. E foi assim que os Rothschild sequestraram o judaísmo.

O financiamento do parlamento israelense e da sua construção através da arquitetura maçônica apreciou o seu compromisso com o Talmudismo Babilônico e todo o mal que o acompanha. Eles criaram um sistema de Nova Ordem chamado de Sionismo Mundial, que embutia na mente dos judeus um delírio de superioridade racial. Assim, esses judeus passaram a acreditar que todos os outros povos tinham a intenção de eliminá-los em massa.

O Sistema Sionista Mundial foi projetado para utilizar os judeus como fachada, além de transformá-los em marionetes e, mais tarde, em sacrifícios a Marduk. Isso ocorria em duas etapas:

- A primeira etapa seria a Segunda Guerra Mundial, em campos de trabalho nazistas e sem mantimentos, o que resultou na morte de milhões de judeus e não judeus de fome e doenças.
- A segunda e última etapa seria quando as 3 religiões abraâmicas fossem erradicadas e a Nova Ordem Mundial tomasse o controle total da população. Para concretizar esse objetivo, foi criado um projeto que vem sendo seguido até os dias de hoje.

E você, talvez até demais, conhece muitas das estratégias deste chamado Projeto 2030.

Pandemias. Vacinas. Destruição das economias. Uma massiva separação das pessoas por raça, credo, status, sexo e todas as divisões que se possa pensar. Todo o caos que você tem visto no mundo faz parte do plano final da MK Rothschild para tornar a Terra um grande Estado Socialista, totalmente controlado por eles a serviço de Marduk.

Os MK Rothschild também formaram um grupo secreto chamado de Illuminati. Sob sua liderança, esse grupo seria capaz de controlar toda a enorme estrutura criada para a nossa exploração e doutrinação.

Os Illuminati

Os Illuminati são o grupo secreto formado por 13 famílias, sendo: Rothschild, Astor, Bundy, Rockefeller, Collins, Van Duyn, Onassis, Li, DuPont, Russel, Freeman, Reynolds e Bush.

Claro que a família Rothschild é a principal delas.

O símbolo dos Illuminati é o triângulo que representa os 3 pilares da dominação de Marduk: O Vaticano – doutrina espiritual e o lastro ouro; a City of London – sistema financeiro e a indústria farmacêutica; e Washington D.C. – poder militar, mídia e grandes empresas de tecnologia.

A parte superior da pirâmide é representada pelo olho que tudo vê: um símbolo de que eles observam e controlam absolutamente todos os aspectos da sociedade. Os Illuminati detêm o poder de todas as instituições do mundo e o principal objetivo é possuir a Terra em nome dos seus mestres satânicos.

Eles estão empenhados em estabelecer um governo global único em todas as nações e povos para controlar a política, a economia e a religião. Para isso, utilizam táticas como a manipulação da mídia, a engenharia social e a criação de crises.

O seu plano é tão obscuro que poucas pessoas sabem, ou mesmo acreditam, na sua existência e poder. Os Illuminati nutrem a crença de que são superiores, desdenhando dos Humanos como se fossem uma raça inferior. É a partir dessa premissa que eles acreditam ter o direito de escravizar a humanidade.

Além do mais, consideram que nós somos incapazes de ter vida própria ou liberdade, de tomar decisões e de evoluir para seres divinos. Eles se intitulam os patronos do planeta e afirmam que, ao comandarem as pessoas, estão fazendo um favor a elas. Isso, inclusive, foi declarado por um dos Rothschild.

Imagine alguém prendendo um animal em uma jaula, dando comida e dizendo que está fazendo isso para protegê-lo, pois se estivesse livre na selva ele correria perigo.

Bom, é exatamente o que estão fazendo com você neste exato momento.

O plano dos Illuminati é restabelecer a Nova Ordem Mundial (N.O.M.) através da agenda 2030, que consiste resumidamente em:

1. Redução da população mundial em 70%
2. Redução da natalidade através da esterilização das pessoas
3. Implementação do sistema socialista/comunista em todo o mundo
4. Um único governo
5. Uma única moeda
6. Uma única "constituição"
7. Confisco de todas as propriedades e empresas – tudo pertenceria ao Estado
8. Todas as necessidades básicas, como em Cuba e Venezuela, oferecidas por esse Estado apenas a nível de sobrevivência.

Um povo com fome, com medo, sem liberdade e dependente financeiramente do Estado é um povo obediente.

A estrutura organizacional do controle da humanidade é liderada por Marduk. Abaixo dele estão os Arcontes e em seguida os Draconianos, que fornecem tecnologia. Abaixo estão os Reptilianos, responsáveis por oferecer proteção e pelos túneis onde se gerencia a rede de tráfico humano e pedofilia. Logo abaixo estão os Illuminati, que são servos da hierarquia superior descrita acima.

A humanidade está sob o controle da elite financeira, que utiliza várias estratégias para manter seu domínio.

Uma dessas estratégias é o controle do dinheiro, feito através de empresas pertencentes a essa elite. A humanidade, por sua vez, colabora com todo o trabalho braçal e consumo de bens e serviços, além de pagar inúmeros impostos e juros.

Esses recursos são usados para corromper políticos, religiosos e governantes, mantendo assim o poder da elite sobre a sociedade.

O grupo formado pelos Illuminati e sua estrutura é chamado de Cabala Negra, Deep State ou Estado Profundo. Enquanto você lê este livro, a Cabala Negra está impondo na Terra a agenda 2030 para estabelecer a Nova Ordem Mundial.

A partir de tudo que você vê acontecendo nos últimos tempos, talvez possa achar que esse objetivo está próximo de se concretizar. No entanto, saiba que esse plano está com os dias contados e vendo sua estrutura ruir de dentro para fora.

A energia da Transição Planetária, o despertar da consciência em um razoável número de almas e as ações da Aliança da Terra estão formando uma ofensiva da Luz contra as forças malignas.

Em breve, a nossa ofensiva será capaz de eliminar a Cabala Negra e os seres trevosos para sempre da Terra e do nosso sistema solar. Afinal, como já comentei antes, toda a nossa galáxia vai ascensionar junto dos seus planetas.

Capítulo 10

Em Qual Frequência Você Quer Vibrar?

"Entenda que você está atraindo tudo que é semelhante aos seus aspectos mais profundos."

O Sistema Solar é um sistema planetário que consiste em uma estrela central – o Sol – e todos os objetos que orbitam ao seu redor.

É composto por oito planetas que você já conhece: Mercúrio, Vênus, Terra, Marte, Júpiter, Saturno, Urano e Netuno. Além deles, há também asteroides, cometas, meteoroides e outros objetos.

O Sol é a estrela central do Sistema Solar, responsável por fornecer a energia necessária para manter todos os objetos em órbita. É uma estrela do tipo G, o que significa que é uma estrela amarela anã, e tem uma temperatura superficial de cerca de 5.500 graus Celsius. Possui cerca de 4,6 bilhões de anos e deve continuar a brilhar por mais 5 bilhões, antes de esgotar todo o seu combustível.

Os planetas do Sistema Solar podem ser divididos em dois grupos: os internos e os externos. Os planetas internos são Mercúrio, Vênus, Terra e Marte. Relativamente pequenos e rochosos, eles são os mais próximos do Sol. Suas atmosferas são relativamente finas e não possuem muitas luas.

Os planetas externos são Júpiter, Saturno, Urano e Netuno. Esses são maiores, gasosos e estão mais distantes do Sol. Possuem atmosferas densas e muitas luas.

Asteroides são rochas que orbitam o Sol e variam em tamanho, desde pequenos pedregulhos até objetos com diâmetros de centenas de milhas. Cometas são bolas de gelo empoeiradas, que deixam uma trilha brilhante quando se aproximam do Sol. Já os meteoroides são pequenos pedaços de rocha ou metal que vagam pelo espaço.

A Terra é o maior planeta de todos os rochosos internos. Sua atmosfera densa protege a vida dos raios negativos do Sol, enquanto seu campo magnético protege a vida da radiação cósmica.

O Sistema Solar é fascinante e inspirador. Desde os tempos antigos, as pessoas observam os movimentos dos planetas no céu e tentam entender o seu significado.

A exploração espacial tem nos permitido estudar o Sistema Solar de perto e descobrir cada vez mais sobre ele.

Os planetas não têm vida ou luz própria e dependem da energia externa para se desenvolverem. Sem ela, nenhum planeta pode sustentar a vida. O Sol do nosso Sistema Solar é uma fonte de energia que vem do Universo Central, onde está localizado o Divino Criador. Essa energia é transmitida às estrelas, que por sua vez, transmitem aos Super Universos, Universos Locais e galáxias.

Nosso Sistema Solar orbita no Sistema Estelar de Alcione. Além dele, também encontramos outros sistemas solares como Merope, Goele, Maya, Electra, Taigeta e Atlas.

A duração de uma volta completa do nosso Sistema Solar em torno do Sol central de Alcione é de 25.920 anos: essa foi a base do calendário maia.

A transição entre duas eras é marcada por um período de 40 anos, conhecido como Linha Bond.

Além disso, passa por Alcione um cinturão de fótons que vem do sol central da nossa galáxia, a Via Láctea. Esse cinturão de fótons é um feixe com elevada energia de raios gama, que eleva a frequência vibracional de todos os planetas e dos seres que habitam neles.

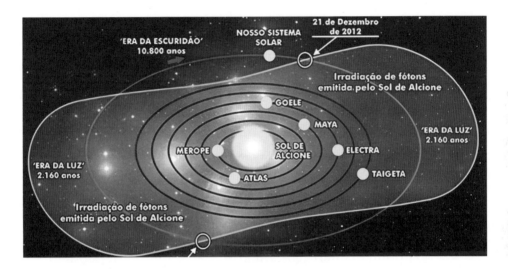

Quando se adentra o cinturão de fótons, a energia de alta frequência eleva também tudo o que existe ali – vegetal, animal, humano ou espiritual.

Esses 25.920 anos, o período da volta completa ao redor do Sol Central, foi dividido em 12 eras de 2.160 anos cada.

Como foi a data final do calendário maia, muitos acreditaram que o dia 21 de dezembro de 2012 seria o fim da humanidade. No entanto, esse dia marcou a volta completa na órbita do Sol de Alcione e trouxe dois eventos muito importantes: nós ingressamos na Era de Aquário e entramos no cinturão de fótons.

Esse período, conhecido como Era da Luz, dura 2.160 anos e é caracterizado por uma abundância de energia. Em contraste, o período fora do cinturão de fótons é conhecido como Era das Trevas e tem uma duração de 10.800 anos.

Para que você compreenda melhor os pontos que estou trazendo, vamos analisar as últimas Eras.

A Era de Áries ocorreu entre 2.351 a.C. e 191 d.C. O Avatar dessa Era foi Moisés, que trouxe vários desenvolvimentos para a humanidade. Moisés revelou a existência do Divino Criador em uma época na qual o politeísmo era predominante. Muitos deuses eram cultuados, como o Deus do sol, o Deus do trovão e o Deus da Lua. Ele trouxe o conhecimento de que existe apenas um Deus absoluto, a fonte única e o pai de tudo e todos.

A Era de Peixes ocorreu entre 191 d.C. e 1.969 d.C. O Avatar foi Sananda, a consciência divina que encarnou aqui e recebeu o nome de Jesus. Ele ensinou que todos somos filhos do Deus absoluto e, portanto, também somos deuses com o poder da cocriação e da cura.

O ensinamento principal que Jesus trouxe durante a Era de Peixes foi sobre os quatro sentimentos divinos. Você se lembra de quais são eles? Amor, Compaixão, Perdão e Respeito.

Amar a si mesmo e a Deus, que reside dentro de nós, é o verdadeiro amor.

Isso não significa amar o Deus da Igreja – a figura sentada no trono do céu, que julga, pune e recompensa. Na realidade, o verdadeiro amor divino é aquele que podemos expressar ao próximo.

A Compaixão é a capacidade de sentir empatia e compreender o sofrimento que outra pessoa está passando. Assim, torna-se possível aliviar esse sentimento doloroso através do nosso amor. É uma forma de demonstrar generosidade e solidariedade para com os outros.

A compaixão envolve não somente sentir pena, mas tomar medidas para ajudar aqueles que precisam. Oferecer apoio, encorajamento ou uma palavra gentil. É servir ao próximo com o amor divino.

O perdão é um sentimento celestial, conforme ensinado por Jesus. Ele liberta aqueles que perdoam. Ao perdoarmos, estamos libertando a nós mesmos dos três sentimentos que mais prejudicam nossa evolução espiritual: a culpa, a raiva e o ódio – a polaridade extrema da raiva.

Jesus nos ensinou que estamos em constante evolução e que encarnamos para experimentar e aprender. Claro que é importante reconhecermos, por meio do livre arbítrio, quando estamos fazendo algo errado. No entanto, é necessário saber perdoar a si mesmo.

Há muitas pessoas que cometem erros e se arrependem, mas não conseguem se desculpar. Elas carregam uma culpa que impede de progredir, como uma bola de chumbo acorrentada aos tornozelos. Quando você compreende que pode errar, começa a aceitar que o outro também pode.

Quando duas almas sentem raiva uma da outra, elas podem criar um "contrato de alma", que é assinado por ambas. O Universo, então, trabalha para colocá-las juntas em encarnações diferentes, permitindo que resolvam seus sentimentos negativos. Isso pode acontecer em relacionamentos conjugais, familiares, de amizade ou de negócios. O objetivo é que elas desenvolvam o perdão sincero: quando uma das partes consegue perdoar do fundo do coração, o contrato é encerrado.

Perdoar não é o mesmo que desculpar. Algumas pessoas se desculpam, mas ainda carregam o sentimento e podem trazê-lo à tona. Perdoar também não é esquecer, porque as coisas não podem ser esquecidas. Além disso, não implica, necessariamente, em continuar convivendo. Significa lidar com a situação e seguir em frente, mas com grande compreensão e respeito mútuo.

O respeito pode ser entendido como a consideração e a atenção que devemos ter por outras pessoas, valores e ideias. Além disso, deve ser estendido ao planeta e à natureza.

Tratar os outros com justiça e igualdade, reconhecer seus valores e cuidar do meio ambiente são atitudes que demonstram respeito.

Respeitar o planeta significa preservar as espécies e os ecossistemas, utilizar os recursos naturais de forma responsável e entender que nossas ações influenciam diretamente a saúde e o bem-estar dos seres vivos que aqui habitam.

O respeito é fundamental para a convivência e para a construção de sociedades justas e inteligentes. O planeta Terra é comparado a uma grande escola, onde as almas estão distribuídas em diferentes séries de acordo com seu estado evolutivo espiritual.

É importante que os alunos em séries mais avançadas respeitem os que ainda estão em séries mais baixas, entendendo que cada um está em um nível diferente de conhecimento. Isso não significa que um aluno seja superior ao outro, apenas que estão em estágios diferentes de aprendizagem.

Da mesma forma, as almas encarnadas também estão em diferentes possibilidades evolutivas e devem ser respeitadas em suas diferenças. Algumas ainda estão em classes iniciais de evolução e não estão prontas para ascender à 5ª dimensão, quando o planeta deixará de ser uma escola e se tornará uma faculdade.

Os quatro sentimentos divinos devem ser cultivados em nossas vidas para que possamos elevar nossas energias e ascensionar para um planeta de 5ª dimensão.

Durante mais de dois milênios, tivemos a oportunidade de aprender e praticar esses sentimentos ao longo de diversas encarnações. O objetivo era nos prepararmos para a transição para a Era de Aquário, que trará consigo a reativação das 12 fitas de DNA. Por isso, é essencial que estejamos prontos para lidar com essa mudança energética da nova Era.

Lembra-se do que eu contei para você há alguns capítulos? Os Anunnakis desativaram 10 das 12 fitas de DNA dos seres humanos porque nós não estávamos prontos para lidar com tanto poder naquela época. No entanto, essas fitas seriam reativadas quando a humanidade atingisse o nível evolutivo espiritual adequado. E esse momento é agora.

Aquele que alcançar um alto grau de evolução espiritual e aumentar sua vibração energética estará pronto para lidar com o avanço tecnológico de forma responsável e próspera. Isso permitirá que tenha todo o poder mental, telepático e intelectual necessário para lidar com as transformações e contribuir positivamente para a evolução da humanidade.

A nossa Era será regida por Saint Germain, um mestre considerado como o guardião da chama violeta. Ele representa a Era de Ouro, trazendo independência e abundância em todas as áreas da vida das pessoas.

A Era de Aquário é caracterizada pela colaboração e cooperação mútua, em contraste com a competição e o individualismo da Era de Peixes. Agora o foco está no coletivo ao invés do individualismo.

Ubuntu é uma tradição africana que enfatiza a importância do coletivo em detrimento do indivíduo, sendo que sua mensagem principal é "Eu sou porque nós somos".

Essa mesma mensagem é utilizada na oração do Pai Nosso ensinada por Jesus, onde é expresso um desejo pelo estabelecimento do Reino de Deus na Terra, pela satisfação das necessidades básicas, pelo perdão mútuo e pela libertação do mal.

Notavelmente, essa oração é formulada no plural. Isso reflete a importância da comunidade e do bem comum em detrimento do individualismo.

> *Pai Nosso que estais nos Céus,*
> *santificado seja o vosso Nome,*
> *venha a nós o vosso Reino,*
> *seja feita a vossa vontade*
> *assim na terra como no Céu.*
>
> *O pão nosso de cada dia nos dai hoje,*
> *perdoai-nos as nossas ofensas*
> *assim como nós perdoamos*
> *a quem nos tem ofendido,*
> *e não nos deixeis cair em tentação,*
> *mas livrai-nos do Mal.*

Linha Bond

A linha Bond teve início em 1982 e foi concluída em 21 de dezembro de 2022. Esses 40 anos marcam o início da abertura das barreiras de isolamento da Terra em relação ao espaço exterior.

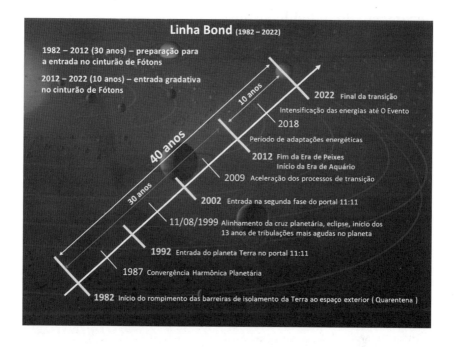

Em 1987, ocorreu uma convergência harmônica planetária. Isso indicou que tudo já estava sendo preparado para esse momento, já que nada no universo acontece de forma abrupta.

Em 1992, houve a primeira entrada no Portal 11:11, o que aumentou a energia recebida.

Em 11 de agosto de 1999, houve um acompanhamento da Cruz Planetária. Esse foi o início de três anos de tribulações intensas no planeta.

Em 2002, ocorreu a segunda entrada no Portal 11:11.

Em 2009, houve uma aceleração no processo de transição até 2012.

De 1982 a 2012, nos preparamos para sair da Era de Peixes e entrar na Era de Aquário, marcando o início da transição para a Nova Era. Por isso, contamos com um processo gradual de dez anos para essa transição.

Em 2012, iniciamos nossa entrada gradual no cinturão de fótons.

De 2012 a 2018, a Terra foi preparada para receber essa energia. A partir de 2018, conforme as energias se intensificaram, a ressonância Schumann começou a ser alterada.

Em 21 de dezembro de 2022, a Terra entrou completamente dentro do cinturão de fótons, elevando-se para a 5ª dimensão. Mas como você já percebeu, a humanidade ainda precisará de mais tempo para fazer essa ascensão.

Alcione está em movimento ascendente para uma oitava mais alta; ou seja, mais próxima do Sol central da galáxia. Portanto, o sistema estelar em que estamos passou a receber mais energia e luz.

A Transição Planetária é consequência da combinação desses vários fatores, que foram comprovados pela astrofísica e pela astronomia. Isso significa que a transição é um evento físico e astronômico, não espiritual. Trata-se de algo natural que ocorre devido à conjuntura astronômica, resultando em um aumento na energia e na luz recebidas pela Terra.

Esse aumento faz com que a vibração e a frequência energética do planeta aumentem, levando-o a vibrar na 5ª dimensão.

Que tal revisarmos o ciclo evolutivo dos planetas? Na 1ª dimensão, há somente a presença de elementos minerais. Na 2ª dimensão, já encontramos formas de vida vegetais e animais. Na 3ª dimensão, os seres humanoides sofrem alterações genéticas para receber almas um pouco mais evoluídas. Assim, torna-se um planeta de Expiação e Provas, em que as almas encarnam e desencarnam diversas vezes para aprender com diferentes vivências.

Atualmente, a Terra está passando por uma transição de um planeta de Expiação e Provas para um planeta de Regeneração, o que faz parte do ciclo evolutivo natural de qualquer planeta. A entrada na 5ª dimensão possibilita o encerramento do ciclo cármico espiritual, o que significa que não precisaremos mais reencarnar para continuar evoluindo.

Para chegar a essa nova dimensão, a alma precisa equilibrar os quatro sentimentos divinos.

Mas não se preocupe: ao contrário do que você possa estar pensando, não é necessário vibrar com perfeição máxima esses sentimentos. O Universo sabe que ainda há um longo caminho para nos tornarmos almas altamente evoluídas. No entanto, esse salto será bastante significativo.

Atualmente, nós encarnamos sem lembrar quem fomos e o que fizemos. A verdade é que muitas vezes não estamos preparados – muitas vezes nem queremos lembrar de quem somos na vida do agora, quem dirá nas últimas. É por esse motivo que existe o véu do esquecimento.

Sempre começamos do zero e ainda temos que lidar com os contratos de alma, sem saber exatamente de onde veio e por que estão ali. No entanto, quando passamos para a 5ª dimensão, temos acesso a todas as informações. Mesmo se desencarnarmos e reencarnarmos, saberemos quem somos e o que estamos fazendo ali.

> *"Despertar e expandir a consciência é uma ferramenta poderosa para compreender e, assim, agir de acordo com os quatro sentimentos divinos, elevando a frequência energética."*

A Escala Hawkins

O seu corpo emite ondas elétricas e magnéticas. Juntas, elas criam um campo vibracional ao seu redor. Esse campo pode influenciar a realidade com base nas suas energias e vibrações.

Como você atrai tudo que emana, é essencial saber que tudo também tem uma assinatura vibracional medida em Hz. No caso, entenda que você está atraindo tudo que é semelhante aos seus aspectos mais profundos. Lembre-se, agora, de que as suas emoções assumem um papel fundamental no moldar da sua energia.

A Escala Hawkins classifica as emoções humanas de acordo com sua frequência vibracional. Algumas das mais baixas incluem o medo (100Hz), a culpa (30Hz) e a vergonha (20Hz).

Enquanto isso, alguns exemplos das mais altas são a paz (600Hz), a alegria (540Hz) e o amor (500Hz).

A tabela ajuda a trazer à luz do conhecimento o que há no subconsciente das pessoas. Após se aposentar da prática clínica na década de 80, Hawkins dedicou sete anos ao estudo da consciência humana e da espiritualidade, investigando a relação entre as emoções e o nível de consciência de cada indivíduo. Seus estudos foram compilados nos livros "Poder contra Força: Uma Anatomia da Consciência – Os determinantes ocultos do comportamento humano" e "Os níveis de consciência".

Concluiu que a percepção da realidade varia de acordo com o nível de consciência de cada pessoa, influenciando suas emoções, ideias, ações e vibrações.

Para quantificar os níveis vibracionais da consciência, Hawkins criou a tabela a seguir, conhecida como Escala de Hawkins das emoções humanas. Veja:

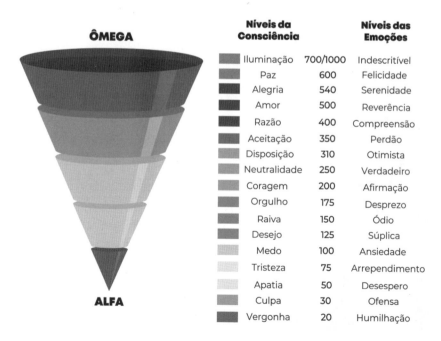

ESCALA DE DAVID HAWKINS

ÔMEGA

Níveis da Consciência		Níveis das Emoções
Iluminação	700/1000	Indescritível
Paz	600	Felicidade
Alegria	540	Serenidade
Amor	500	Reverência
Razão	400	Compreensão
Aceitação	350	Perdão
Disposição	310	Otimista
Neutralidade	250	Verdadeiro
Coragem	200	Afirmação
Orgulho	175	Desprezo
Raiva	150	Ódio
Desejo	125	Súplica
Medo	100	Ansiedade
Tristeza	75	Arrependimento
Apatia	50	Desespero
Culpa	30	Ofensa
Vergonha	20	Humilhação

ALFA

Não poderia deixar de mencionar que a Gratidão está na casa dos 900 Hz.

Entre a coragem e a determinação (200 Hz) e a neutralidade e a lucidez (250 Hz), há o que chamamos de barreira vibracional.

Emoções abaixo da barreira – como o medo, a apatia, a culpa e a humilhação – são consideradas de baixa vibração. A miséria causa a vibração mais baixa, pois uma pessoa vibrando nessa emoção se desespera, perde as esperanças, sente vergonha, ódio da sua situação e pode perder a fé.

Portanto, meu caro leitor, finalmente chegamos à segunda pergunta mais importante desse livro:

Em qual frequência você quer vibrar?

Ressonância Schumann

A Ressonância Schumann é um fenômeno natural que ocorre na atmosfera da Terra, resultante da interação entre a ionosfera – a "camada elétrica" da atmosfera – e a superfície do planeta. Trata-se de um conjunto de ondas eletromagnéticas de baixa frequência que se propagam ao redor da Terra, formando uma espécie de "ressonância" entre a superfície e a ionosfera.

Essa sensação foi descoberta pelo físico alemão Winfried Otto Schumann em 1952 e é medida em Hertz (Hz), com a frequência fundamental de aproximadamente 7,83 Hz.

Acredita-se que a Ressonância Schumann tem um papel importante na regulação do ritmo biológico dos seres vivos, pois muitos organismos – incluindo os Humanos – estão expostos a ela diariamente.

Alguns estudos sugerem que a exposição a essa frequência pode ajudar a melhorar o bem-estar e a saúde mental e física.

Além disso, a Ressonância Schumann também pode ser esperada por eventos externos, como as tempestades solares, que podem alterar temporariamente seus padrões de frequência.

Desde 2018, a linha Bond revela que a Ressonância Schumann tem apresentado picos energéticos de até 35 Hz.

Entre 2020 e 2021, esses picos aumentaram para mais de 240 Hz e ocorreram a cada 40 dias em média.

A partir de 2021, esses picos diminuíram em potência, ficando em torno de 30 Hz a 80 Hz, mas ocorrendo com mais frequência, em intervalos médios de 23 dias.

Em 2022, a média dos picos de frequência foi de 29 Hz e eles ocorreram quase diariamente.

Segue abaixo uma tabela diária da Ressonância Schumann no período de 15 de junho a 9 de agosto de 2022.

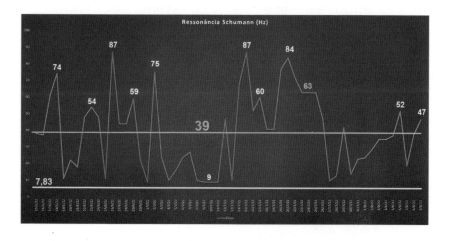

Isso ocorre devido à frequência da 5ª dimensão, que é de cerca de 50 Hz. O universo vem preparando os corpos humanos para que consigam lidar com essa frequência.

Após 21 de dezembro de 2022, a Terra entrou completamente na Era de Aquário e no Cinturão de Fótons.

No entanto, essa nova energia ainda não está sendo detectada na Ressonância Schumann. O motivo para isso é que a tecnologia atual não é avançada o suficiente para medir essa nova onda de raios gama emitidos pelo Cinturão de Fótons.

É fundamental que você compreenda: o DNA, a sua energia vital, está intrinsecamente ligado ao seu corpo. Ele funciona como uma antena, que capta as diversas energias que estão à sua volta. Quando há um aumento no fluxo de energia, o DNA se expande para absorvê-la. Ao reduzir-se novamente, ele armazena parte dessa energia.

Quando ocorrem os picos energéticos, é sinal de que o universo está ensinando o seu DNA a reter mais luz. Podemos comparar esse processo com um músculo em exercício: seu DNA se expande, absorve, retrai e assim por diante. Assim, ele está sendo treinado e cada vez que retrai, retém mais luz.

Esse processo também afeta o corpo físico. Ao passo que o DNA aprende a reter mais luz, o corpo sente os sintomas desse processo de aprendizado: dores de cabeça, acordar entre 3 am e 4 am, boca seca, zumbido no ouvido, excesso de sono ou insônia, dores nos ombros e pescoço, enjoo, mal-estar...

Esses sintomas são bem pontuais – e se ocorrem constantemente, é recomendável buscar orientação médica. Entretanto, em muitos casos, o corpo está apenas lidando com todo esse aprendizado.

Eu passei por esse processo também. Acordava frequentemente no âmago da madrugada e sentia esses mesmos sintomas, algo que nunca havia experimentado antes. Também comecei a ter uma sonolência forte durante a tarde, precisando tirar cochilos que nunca havia tirado antes. Cheguei a achar que estava cedendo à preguiça, mas logo percebi que era meu corpo pedindo descanso e eu precisava atender a isso. Com o tempo, os sintomas foram passando e hoje já não os sinto mais.

Durante o processo de aprendizado do DNA, lutar contra o próprio corpo é inútil. Você precisa aceitar e atender suas necessidades. Claro que é fundamental estar atento a possíveis problemas de saúde, mas esses sinais fazem parte do aprendizado do nosso DNA.

Minha sugestão é que, caso você acorde nesses horários, faça uma oração. Como é o momento em que as energias do universo mais estão emanando para o planeta, um simples gesto seu para propagar vibrações positivas já é, por si só, um ato de amor.

Ao longo do tempo, você notará que esses sintomas diminuirão com a adaptação do seu corpo. Estamos chegando a uma encruzilhada inevitável. O planeta está evoluindo para a 5ª dimensão, isso é um fato. Como seres espirituais, precisamos nos preparar para evoluir junto com o planeta. Esta é a oportunidade que está sendo apresentada para nós.

As pessoas que mantêm sentimentos de baixa frequência impedem o aprendizado do seu DNA e, consequentemente, não conseguem ascensionar para a 5ª dimensão. Seus corpos infelizmente não suportarão viver em um planeta de alta vibração.

Essas almas serão direcionadas para outros planetas, onde continuarão seu aprendizado. Para fins didáticos, digamos que elas vão ser exiladas da Terra. Esse momento já ocorreu em Capela, que enviou muitos de seus exilados para o nosso planeta. Mas está chegando a hora em que você, eu e todos ao nosso redor seremos avaliados.

O que vai ocorrer é a separação entre aqueles que atingiram a evolução necessária e aqueles que não. Jesus descreveu esse momento e o nomeou como "a separação do jogo do trigo".

Reforçando o que foi dito há poucos parágrafos, a Terra está na 5ª dimensão desde 2022, mas ainda há tempo para a humanidade se adaptar.

Especialistas acreditam que os corpos sem o DNA adaptado para viver em um planeta energético de alta frequência não conseguirão sobreviver aqui por muito tempo. E por mais que possa sofrer variações, o prazo estimado para esse acontecimento é entre 2025 e 2030.

Considerando isso tudo, vou repetir a pergunta crucial que fiz nesse capítulo porque preciso garantir que você tenha certeza da sua resposta:

Em qual frequência você quer vibrar?

Capítulo 11

O Conselho Mais Valioso Deste Livro

"O Divino Criador lhe garantiu a possibilidade de ser tão belo quanto sua obra de arte favorita, mas cabe a ti aprender a esculpir sua própria alma."

A "Separação do joio do trigo" é conhecida como o Evento. Estamos falando do ápice da Transição Planetária, quando o planeta e a humanidade encontram um ao outro na 5ª dimensão.

Uma poderosa energia de luz de fótons, chamada de Grande Flash Solar, será fornecida pelo Sol Central da galáxia e alcançará permanentemente o nosso sistema solar, elevando a energia magnética de 7,83 para 50 hertz.

A partir desse momento, uma poderosa energia de luz e amor que é proveniente do nosso criador divino será transmitida à humanidade. Encerrando, assim, a dualidade e o ciclo de reencarnação na 3ª dimensão.

O Evento será a chegada de uma energia nunca vista antes na Terra e cada ser humano poderá sentir sua magnificência. Antes desse momento, uma série de acontecimentos revelará as verdades e mentiras que permanecem como mistérios para nós. Por mais que esse processo já esteja em andamento para as almas conscientes, haverá um anúncio para absolutamente todas as pessoas.

Muitos dos assuntos que você conheceu neste livro serão divulgados publicamente. Veremos prisões em massa de membros de organizações criminosas, políticos, grandes banqueiros, celebridades, presidentes, diretores de empresas e todas as pessoas que cometeram crimes contra a humanidade. Nos próximos meses, comece a reparar nos sinais de que essa realidade está próxima.

O novo sistema contará com mudanças significativas em várias áreas, como o QFS no sistema financeiro, o uso de energia limpa e gratuita de Tesla, a reforma completa dos meios de comunicação, a introdução das MedBeds no sistema de saúde e a queda das atuais empresas farmacêuticas e de tecnologia.

O momento que antecede O Evento é a oportunidade final para despertar aqueles que ainda negam a existência da Matrix e preparar a humanidade para as grandes mudanças positivas que estão por vir.

Ressalto que o despertar não vem somente com o acúmulo de informações, mas sim com a prática dos quatro sentimentos divinos. É claro que o conhecimento e o entendimento são ferramentas importantes, mas sozinhos não garantem a ascensão para a 5ª dimensão. O trigo pode ser uma pessoa que não tem o conhecimento da Matrix, mas vibra em frequências elevadas. Por outro lado, o joio é o intelectualista que detém todo o conhecimento, mas ainda vibra energias baixas.

Durante o período de revelações, muitos experimentarão medo, raiva e indignação ao descobrirem que foram enganados por toda uma vida. É em meio a este cenário sombrio que brilharão os trabalhadores da luz, iluminando a estrada para a ascensão de várias almas. Se este livro chegou em suas mãos e você sentiu o impulso de lê-lo até aqui, possivelmente essa também é a sua missão: tornar-se um trabalhador da luz para acolher, confortar e guiar seus familiares e amigos próximos.

Reiterando o que eu lhe disse no início, você nunca deve se esquecer de que nada é por acaso.

Esse período será ministrado especialmente para a humanidade, pois acredita-se que teremos os primeiros contatos com os seres extraterrestres benevolentes que estão ajudando a humanidade nessa transição. Além disso, teremos contato com mestres ascensionados e conheceremos nossas próprias famílias galácticas.

Saiba que o Evento será extremamente rápido, possivelmente este salto quântico na evolução da humanidade acontecerá em um piscar de olhos.

A Separação do Joio e do Trigo

Existem muitas dúvidas e questionamentos sobre o enigmático evento que será a separação do joio e do trigo. Ele é prescrito como uma parábola contada por Jesus, a segunda entre sete que tratam do Reino de Deus. Essa parábola nos ensina que a Palavra de Deus é capaz de fazer crescer a comunidade e levar as pessoas à fé.

O coração humano é o solo que recebe e cultiva a semente plantada por Deus. No entanto, na calada da noite, o inimigo de Deus lança sementes malignas com o intuito de prejudicar a semeada. Ele age de forma silenciosa, infiltrando-se e corrompendo as pessoas.

Jesus ensina que ambas as sementes, boas e ruins, devem crescer juntas e ser separadas no momento da colheita – o Juízo Final.

> "A provação é a luta que ensina ao discípulo rebelde e preguiçoso a estrada do trabalho e da edificação espiritual. A expiação é a pena imposta ao malfeitor que comete um crime."
>
> Emmanuel

> "A Terra deixará de ser um mundo de dor, de provas e de expiações, para ser um mundo de Regeneração, de reequilíbrio, de felicidade."
>
> Allan Kardec

A nova Terra será identificada por uma profunda transformação nas relações humanas. O egoísmo será substituído pela caridade, a raiva pela empatia, a tristeza pela alegria, a guerra pela paz, o ódio pelo amor e o medo pela confiança.

Mas afinal, como se dará essa separação? Esse é o momento em que entram as teorias, pois ninguém pode ter certeza. No entanto, algumas são mais comentadas e têm maior possibilidade de acontecer.

Fisicamente, nós sabemos que a emissão da energia vibracional na 5ª dimensão impede a sobrevivência dos corpos que não estejam vibrando em uma frequência igual ou superior.

Essa é uma questão biológica e física. Além disso, espiritualmente, a evolução da alma é um processo contínuo. Na transição planetária atual, há um auxílio energético para que as almas aproveitem a ascensão coletiva e possam realizar o salto evolutivo.

Na separação do joio do trigo que ocorreu em Capela, as almas exiladas foram enviadas à Terra para continuar seu processo evolutivo. Elas eram conhecidas como exilados de Capela, assim como haverá os exilados da Terra durante o processo de transição atual.

Com base em meus estudos, pesquisas e estimativas do que faz sentido, vou mostrar a você algumas das situações que podem ocorrer após o Evento. É importante ressaltar que tais situações também são mencionadas por outros pesquisadores, estudiosos e diversas vertentes.

A primeira situação pode ser um prazo de dois a três anos antes do Evento. Durante esse período, a humanidade terá um tempo adicional de se preparar para a Transição, além de um alívio da pressão em relação às pessoas e uma oportunidade de viver melhor.

Nesse tempo transicional, é possível que ocorram as seguintes situações:

1. Revelações e prisões em massa;
2. Decreto GESARA (Lei de Recuperação e Segurança Econômica Global);

3. Distribuição de renda para todos;
4. Quitação de todos os débitos com bancos, financiamentos e cartões de crédito;
5. Fim do imposto de renda;
6. Imposto único mundial de 14% sobre bens novos, com isenção para alimentos e remédios;
7. Energia limpa e livre (Tesla);
8. Novo sistema financeiro lastreado em ouro e digital (QFS);
9. Em 120 dias, novas eleições;
10. Nova Constituinte;
11. Sistema Judiciário, Legislativo e Executivo reestruturados;
12. Fim de todas as guerras;
13. Aumento de benefícios para os idosos;
14. Liberação de mais de 6.000 patentes de tecnologias reprimidas (MedBeds e Replicadores);
15. Enormes somas de recursos para fins humanitários.

A segunda situação refere-se aos "Três dias de escuridão", uma profecia mencionada na Bíblia e em outras escrituras antigas.

Essa profecia fala sobre três dias de completo blecaute que antecedem o retorno de Cristo à Terra. Nós devemos compreendê-la como o despertar da consciência crítica.

No ano de 2020, foi realizada a canalização de um ser Felino a respeito dos três dias de escuridão, que está relacionada à atual situação espiritual e menciona a inversão dos polos. Não se preocupe: vou aprofundar o seu entendimento de todos esses conceitos em breve.

Mas desde então, tenho acompanhado de perto essa informação. Em 2021, ela foi canalizada por mais uma fonte. Novamente, em 2022, por uma canalizadora de Mãe Maria.

Quando surge uma informação semelhante, por diferentes fontes e em períodos distintos, é importante considerá-la com cuidado. É por isso que vou compartilhá-la com você, e saiba que, em minha visão, faz todo o sentido.

A inclinação da Terra é de 23 graus e seu movimento é anti-horário. Essas características foram intencionalmente manipuladas para atrasar a evolução da humanidade, tornando a matéria mais densa e aprisionando as nossas mentes. A colocação artificial da Lua na órbita terrestre, girando no mesmo sentido anti-horário, contribui para manter esse movimento.

Existem muitas evidências e artigos comprovando que a Lua é artificial. Ela foi posicionada precisamente para manter a Terra girando no sentido anti-horário, que não é o natural.

De acordo com a canalização, haveria dois avisos antes dos três dias de escuridão.

O primeiro seria um sinal do céu. O segundo, um aviso de Mãe Maria ao coração de todas as pessoas sobre o evento iminente.

Com esses avisos, todos deverão ir para suas casas, trancar as portas e janelas e se acomodar, preferencialmente na cama. Durante os três dias, nada elétrico ou eletromagnético funcionará, inclusive o corpo humano.

Durante esse momento, duas enormes naves espaciais se aproximarão da Terra: a Azhigmus, comandada pelo Arcanjo Miguel; e Athena, comandada pelos Arcturianos e Pleiadianos.

Essas naves irão se aproximar da Terra nas extremidades polares, com o objetivo de corrigir artificialmente o eixo e ajustar a rotação do planeta. Simultaneamente, uma das naves irá esperar entre a Terra e o Sol, bloqueando o efeito eletromagnético da estrela. É por isso que teremos um blecaute total, sem luz do dia.

A outra nave conseguirá, por meio de interferência eletromagnética, fazer a Terra parar de girar no sentido anti-horário e retomar o sentido natural.

O processo levará três dias, os chamados "três dias de escuridão". Nós não iremos morrer nesse profundo estado de transe, mas entraremos conscientemente na 4ª dimensão e poderemos nos conectar diretamente com nossos ancestrais, nossa família galáctica e os espíritos. O mesmo processo, inclusive, envolverá todos os animais. E por sua vez, as pessoas que já estão despertas permanecerão conscientes durante esse período.

A mensagem canalizada não trouxe muitos detalhes sobre como será o despertar dos ascensionados na Nova Terra, nem como será o caminho daqueles que foram incapazes de ascender.

No entanto, eu e vários outros pesquisadores acreditamos que os ascensionados acordarão em seus próprios corpos na Nova Terra, enquanto os não ascensionados reencarnarão como recém-nascidos em outros planetas de 3ª dimensão.

É importante lembrar que esses seres ainda estarão cobertos pelo véu do esquecimento e não se lembrarão de nada do que aconteceu, nem mesmo de que viveram na Terra.

A terceira situação considerada era a possibilidade de que o GESARA seria implementado em 11 de setembro de 2001, um plano para ajudar a humanidade com o objetivo de preparar a transição para a Nova Terra.

Se isso tivesse acontecido, a Cabala Escura teria sido derrotada e o mundo já estaria vivendo na prosperidade, facilitando o processo de ascensão para muitas pessoas. Infelizmente, a batalha foi perdida quando a Cabala derrubou as Torres Gêmeas. No quarto andar desse mesmo dia às 10hs, o GESARA teria sido promulgado e colocado em vigor.

A quarta situação pode ser o Arrebatamento: um evento profetizado na Bíblia cristã como o instante em que os cristãos verdadeiros serão arrebatados da Terra e levados diretamente para o céu, encontrando-se com Jesus Cristo A palavra "arrebatamento" vem do grego harpazo, que significa "levar à força" ou "levar com violência".

A passagem bíblica que fala sobre o arrebatamento está em 1 Tessalonicenses 4:16-18. Paulo escreve que, no fim dos tempos, os mortos em Cristo ressuscitarão primeiro e, depois, os cristãos vivos serão arrebatados com eles para encontrar o Senhor nos ares.

Enoque e Elias foram arrebatados e subiram vivos ao Céu – Gênesis 5:24; 2 Reis 2:11.

Jesus, depois que ressuscitou, também subiu ao Céu enquanto seus discípulos olhavam – Atos dos Apóstolos 1:9-10.

Jesus prometeu:

'Vou preparar-vos lugar. E, se Eu for e vos preparar lugar, virei outra vez, e vos tomarei para Mim Mesmo, para que onde Eu estiver estejais vós também' (João 14:2-3).

Esse evento é descrito como algo que ocorre repentinamente, sem aviso prévio, e que será acompanhado pelo som de uma trombeta e pela voz do arcanjo.

Uma interpretação sobre quando exatamente o arrebatamento irá acontecer é motivo de debate entre as diferentes denominações cristãs.

Acredita-se que o arrebatamento possa ocorrer tanto antes do período de tribulação descrito na Bíblia, quanto depois. Também há diferentes interpretações sobre quem exatamente será arrebatado: todos os cristãos verdadeiros ou somente os fiéis que vivem em santidade.

Mas independentemente das interpretações, o Arrebatamento é visto como um momento de grande alegria e esperança para os cristãos, que aguardam ansiosamente a volta de Cristo e a vida eterna ao seu lado.

De acordo com o Comando Ashtar da Confederação Galáctica, o arrebatamento será uma etapa de transição para aqueles que despertarem e forem considerados como trigo na grande separação.

Eles serão transportados para a nave espacial Nova Jerusalém, comandada pelo Mestre Sananda Kumara, Jesus. Ali, irão treinar e se preparar para a vida na Nova Terra.

A nave tem um diâmetro de 3.200 km e é composta por 12 níveis, com ciclos diurnos e noturnos artificiais.

Há áreas naturais com florestas, lagos, rios e oceanos, bem como centros médicos e alojamentos. Após um período de descanso e relaxamento, os indivíduos serão treinados em criatividade, manifestação e uso dos seus poderes. Todos terão acesso instantâneo ao que desejam manifestar.

Ao término da conclusão do treinamento, eles retornarão à Terra e se adaptarão à nova vida.

A quinta e última situação pode ser uma combinação das quatro primeiras que citei, apresentando elementos de cada uma delas.

Os despertos serão recebidos na Nova Terra da 5ª dimensão, que já foi construída e está pronta para ser habitada pela nova humanidade. Seres de luz de outros planetas a recepcionará, dando início ao processo de acomodamento na nova moradia.

A Nova Terra está pronta em um plano paralelo no qual sua antiga versão deixou de existir. Tudo é energia, e a realidade material que tantos insistem em se apegar é apenas um holograma condensado, vibrando na 3ª dimensão.

Lembrando que somente 1/3 da humanidade conseguirá realizar a ascensão para a 5ª dimensão. Não é possível saber ao certo o que irá acontecer, mas certamente poderemos lidar melhor com as situações se desenvolvermos, desde já, a consciência de que algo está próximo.

O mais importante é vivermos o momento presente, praticando os quatro sentimentos divinos em cada segundo de nossas vidas. Ao incorporá-los em seu cotidiano, você eleva a sua vibração energética. A cada ação, cada interação com as pessoas e cada situação que encontra, você aumenta sua frequência.

Com o tempo essa energia se expande, aumentando seu campo magnético e atraindo cada vez mais coisas positivas para a sua realidade.

Isso é explicado pela física quântica e pode transformar significativamente a sua qualidade de vida.

Leve em seu coração as seguintes dicas que vão auxiliá-lo a se preparar para o Evento:

1. Meditar e orar são práticas que auxiliam na calmaria da mente e acessam a intuição, a nossa guia para onde devemos estar. Atualmente estamos recebendo uma energia imensa, o que nos permite uma comunicação mais intensa com nossa fonte divina.

   No entanto, só é possível acessar essa comunicação quando a mente está silenciosa. Caso contrário, o turbilhão de pensamentos impede que ouçamos a mensagem que nos é enviada.

   Para conquistar isso, recomendo silenciar-se ao máximo possível de tudo que é externo. Desligue a televisão, desconecte-se das redes sociais, escute músicas elevadas e pratique o diálogo interno para conseguir escutar essa voz sagrada que há dentro de você.

2. Tenha compaixão pelo próximo, pois esse é um valor fundamental para a convivência harmoniosa em sociedade. Ao praticar a compaixão, você coloca em ação a empatia e a bondade: características essenciais para o desenvolvimento pessoal e coletivo.

   Ajudar o próximo é uma das formas mais expressivas de demonstrar compaixão. Essa ajuda pode vir de diversas maneiras, seja doando tempo, dinheiro, conhecimento ou simplesmente oferecendo uma palavra amiga. Essas ações, mesmo que pequenas, podem fazer uma grande diferença na vida de alguém.

   Ser honesto é outro valor importante na prática da compaixão. Quando você é honesto, constrói relações de confiança e respeito mútuo. Isso cria um ambiente saudável e seguro para todas as almas ao seu redor.

   Além disso, ser simpático e educado também são atitudes que demonstram compaixão. Um sorriso, um bom dia ou um gesto de cortesia podem fazer toda a diferença no dia de alguém. Essas pequenas atitudes geram uma energia positiva, que irradia para a atmosfera e a torna mais agradável e contagiante.

   Em resumo, praticar a compaixão significa tratar os outros como você gostaria de ser tratado. Isso requer uma atenção especial ao próximo, ouvir suas necessidades e estar disposto a ajudar como possível.

3. Distanciamento da mídia tradicional. Cada vez mais, as pessoas estão se afastando da mídia tradicional, como jornais e televisão, devido à manipulação e à disseminação de desinformações. Ela muitas vezes é controlada por grandes empresas, que possuem seus próprios interesses e agendas.

Isso leva a uma cobertura tendenciosa dos eventos.

Com o advento da tecnologia e das redes sociais, busque informações de fontes alternativas e independentes para obter uma visão mais ampla e imparcial dos acontecimentos.

É importante lembrar que conhecimento é poder, por isso é essencial ter acesso a informações verdadeiras que lhe permitirão tomar as melhores decisões para a sua vida.

4. Quando estamos falando de opiniões, é importante lembrar que cada um tem a própria visão de mundo que foi gerada por experiências únicas. Por isso, em vez de contrariar ou entrar em discussão, ouça atenciosamente as opiniões de absolutamente qualquer pessoa.

    Isso não significa que você deve concordar com elas, mas sim que é essencial buscar entender o ponto de vista do outro e, se possível, encontrar um terreno comum. Afinal, o respeito mútuo é indispensável para uma melhor convivência em sociedade.

5. Estar em contato com a natureza é fundamental para a sua saúde mental, emocional e espiritual. Isso ajuda a elevar a frequência vibracional, tornando-o mais receptivo às energias positivas que o universo tem a oferecer neste sagrado momento de transição.

    A natureza é um lembrete constante de que fazemos parte de algo maior, pois nos conecta com a vida em seu estado mais puro e natural.

    Caminhar entre as árvores, sentir o sol na pele, observar o mar e os animais, respirar e sentir a vida acontecendo... tudo isso pode trazer uma sensação de paz e plenitude que jamais será encontrada na cidade ou em ambientes artificiais. Por isso, aproveite cada oportunidade para se conectar com a natureza e sentir como ela pode transformar sua vida de maneiras extraordinárias.

6. Durante o processo de ativação das 10 fitas de DNA, é comum sentir ressecamento na boca: esse processo exige muito do nosso corpo.

   Como cerca de 70% do seu corpo é formado por líquido, é indispensável beber bastante água para ajudar neste exercício de absorver a luz e contrair o DNA.

   Além disso, é importante adotar uma alimentação mais saudável e natural, com menos produtos químicos e industrializados, e dar preferência a alimentos frescos e vegetarianos.

   Dessa forma, você fornece ao seu corpo os nutrientes necessários para a ativação das fitas, elevando a sua frequência vibracional.

7. O pensamento positivo tem uma influência significativa no seu campo energético.

   Quando você cultiva pensamentos positivos, gera uma frequência vibratória elevada que impacta diretamente na energia e no bem-estar.

   Por outro lado, os pensamentos negativos podem prejudicar o campo energético e, consequentemente, a saúde física e mental.

   Por isso, é importante cultivar o pensamento positivo e buscar meios para combater a negatividade, buscando sempre a harmonia e o equilíbrio na sua vida.

8. Praticar o perdão é um processo essencial para o seu bem-estar emocional e mental. Muitas vezes, carregamos mágoas e ressentimentos conosco e com as pessoas ao nosso redor, o que pode afetar o nosso campo energético. Quando não toleramos, é como se construíssemos muralhas em nós mesmos para nos esconder da evolução.

   Por isso, é importante praticar o perdão – a começar por você mesmo. Esse processo irá te ajudar a elevar sua frequência vibratória e atrair mais coisas positivas para a sua vida.

Além disso, o perdão também deve ser projetado às pessoas ao seu redor.

Tenha sempre em mente que os erros são necessários para que cresçamos como seres humanos e, acima de tudo, como almas. Quando desemaranhamos os nós emocionais que temos uns com os outros, liberamos as energias negativas e nos abrimos para a possibilidade de novos relacionamentos e experiências positivas.

9. Ame verdadeiramente a si mesmo e reconheça que você chorou por várias e várias encarnações para que pudesse estar aqui. Quem sabe você até mesmo tenha vindo de um planeta distante para que chegasse aonde está agora.

    Você é um ser especial e merecedor! Respire fundo e aproveite: o momento de agora é uma memória única, que você vai guardar em toda a sua jornada de evolução e retorno à sua verdadeira casa.

10. Divertir-se, praticar esportes, confraternizar e relaxar são atividades fundamentais para que você mantenha sua saúde física e mental. Elas proporcionam momentos de alegria, descontração e alívio do estresse, ajudando a equilibrar a rotina diária.

    Além disso, a socialização por meio dessas atividades pode fortalecer as relações interpessoais e aumentar o bem-estar geral. Portanto, não deixe de reservar um tempo para se divertir e cuidar de si mesmo!

    Devido ao título do capítulo, imagino que você deve ter se perguntado qual é, afinal, o conselho mais valioso deste livro. A meu ver, a resposta sincera para essa pergunta é simples: **colocar em prática.**

Não adianta somente entender o motivo pelo qual você precisa saber amar a si mesmo, praticar o perdão ou se conectar com a natureza: a felicidade genuína não se constrói de maneira alguma além da prática. Você é quem deve experimentar as transformações que cada uma dessas dicas proporciona à sua vida, fazendo florescer virtudes no jardim do espírito.

Dê tudo de si para praticar os quatro sentimentos divinos com cada pessoa e em cada situação que o universo for apresentando a você. Você é um ser merecedor e é uma responsabilidade sua se esforçar para alcançar a realização.

O Divino Criador lhe garantiu a possibilidade de ser tão belo quanto sua obra de arte favorita, mas cabe a ti aprender a esculpir sua própria alma.

Capítulo 12

A Magnífica Vida na Nova Terra

"Este capítulo é a linha de chegada no mapa para a sua jornada evolutiva, entregando um brevíssimo vislumbre do destino final."

Eu tenho a sensação de que lhe ocorreu uma pergunta muitas vezes ao longo da leitura deste livro: como será a Nova Terra? Talvez essa seja uma das perguntas mais instigantes para todos nós, pequenos fractais de alma que estão apenas começando a vislumbrar uma centelha do que é real.

Felizmente, temos algumas informações que nos aproximam de possíveis respostas.

Sabemos que a Nova Terra contará com uma organização social e governamental mais justa e inclusiva, cidades vigilantes e conscientes, novas profissões e formas de trabalho que atendam às demandas da sociedade. Com a evolução espiritual, haverá uma maior conexão entre as pessoas e a natureza, permitindo uma vida mais alegre e plena.

Não se trata de algo espacial ou distante da compreensão humana, mas de uma nova forma de viver em harmonia com a nossa própria essência. Este capítulo é a linha de chegada no mapa para a sua jornada evolutiva, entregando um brevíssimo vislumbre do destino final.

Quando terminei de escrever os rascunhos do meu curso, o Expansão da Consciência, percebi que ainda faltava essa parte fundamental. Afinal, para onde exatamente estamos indo e qual tipo de civilização teremos lá? Como podemos almejar a vida na 5ª dimensão sem a mínima ideia do que nos aguarda?

As dúvidas me consumiam, e a verdade é que muito pouco se fala sobre o assunto. Então, mergulhei ainda mais profundamente em busca de um conhecimento que pudesse iluminar essas questões de alguma forma.

Procurando por respostas, fui descobrindo que a Nova Terra seria uma civilização purificada dos vícios emocionais, mentais e físicos da atualidade. O propósito da vida seria simplesmente viver de forma integral e colaborativa, emanando energias de amor incondicional, gratidão, bondade e solidariedade. Portanto, aquele alguém que busca passar na seleção desse novo mundo precisa começar, neste exato momento, a cultivar suas fontes internas dessa energia.

A era de Aquário, a era dourada, é definida por proteção e luz. Trata-se dos tempos regidos pela colaboração, transitando do "EU" para o "NÓS", e garantindo que a competição dê lugar à cooperação nos corações de todos os indivíduos.

Embora a perfeição seja completamente inalcançável para nós no momento atual, é importante que uma boa parcela desses sentimentos esteja presente na alma para que a ascensão ocorra.

Levando em conta as diferentes situações que podem surgir na separação entre o joio e o trigo, é previsto que dois terços da população global não consigam ascensionar.

Assim, somente um terço de nós permanecerá na Terra. A grande incógnita é o que os moradores da novíssima 5ª dimensão receberão como herança.

De acordo com o que está escrito nas mais diversas fontes, o cenário seria catastrófico. O mundo estaria ecologicamente arruinado, poluído e com poucas pessoas, o que levaria a um colapso total das estruturas sociais e econômicas, como casas, carros, escolas, hospitais, empresas de energia e tudo que você possa imaginar, resultando em um verdadeiro desabastecimento e uma crise global.

No entanto, minha intuição dizia que as peças dessa parte da história não se encaixavam. Afinal, a merecida conquista daqueles que completaram a árdua jornada na dimensão da matéria seria como um castigo? Herdar uma Terra devastada não soa como um declínio?

De acordo com o Código da Confederação Galáctica, é proibido que qualquer civilização interfira diretamente – positiva ou negativamente – no desenvolvimento de outra civilização. Destaco que a interferência de seres como os Arcontes, Reptilianos, Draconianos e Marduk na Terra é consequência da aliança com humanos que buscam ganância, poder, controle ou supervalorização do ego.

Da mesma forma, os seres de luz podem interferir através de médiuns, centros espíritas, centros de cura, terapeutas holísticos e por incontáveis outros canais, sempre através de humanos bem-intencionados.

Durante minhas pesquisas e estudos, me deparei com um ser humano muito iluminado chamado Jacque Fresco, que projetou toda uma civilização futurística baseada no avanço espiritual e intelectual da humanidade.

Mesmo que ele não soubesse disso, o seu projeto possui enormes chances de se assemelhar à Nova Terra na 5ª dimensão em termos de infraestrutura, funcionamento organizacional e administrativo, tecnologias, materiais e processos a serem utilizados.

Jacque Fresco (1916-2017) foi um indivíduo visionário, autodidata e multifacetado, com habilidades em design industrial, engenharia social, escrita, educação, futurologia e invenção. Foi um defensor fervoroso da tecnologia e da inovação como soluções para os problemas mundiais. Em 1995, fundou o Projeto Vênus: uma organização sem fins lucrativos dedicada a desenvolver esboços dessa nova civilização.

Fresco trabalhou em vários projetos inovadores, incluindo a criação de conceitos de design para aeronaves, carros e outras tecnologias avançadas. Também se dedicou à pesquisa sobre a natureza humana e a perspectiva de uma sociedade baseada em recursos, sem o uso de dinheiro.

Ele passou grande parte da vida divulgando suas ideias através de palestras, livros e documentários. Sua visão de uma sociedade mais justa e sustentável continua a inspirar milhares de pessoas ao redor do mundo.

Ele produziu uma grande quantidade de maquetes em pequena escala, baseadas nos seus próprios desenhos, e várias edificações construídas a partir dos seus valores de simplicidade, sustentabilidade e estética. Simultaneamente, desenvolvia toda a tecnologia necessária para fazer com que seus projetos funcionassem.

Fresco escrevia e ensinava amplamente sobre uma variedade de assuntos, desde o projeto holístico de cidades, eficiência, energia e ética, até o gerenciamento de recursos naturais e a automação.

As edificações da cidade futurista propostas no Projeto Vênus são esteticamente aceitáveis e altamente eficientes. A arquitetura é harmoniosa e agradável, levando em conta o bem-estar emocional dos moradores. Reiterando, a ideia era criar um ambiente urbano que fosse capaz de suprir as necessidades humanas de forma equilibrada e respeitosa com o meio ambiente.

Algumas características em comum nessas edificações incluem o uso de materiais ecológicos, visando a eficácia em termos de uso de energia, água e outros recursos.

Os edifícios também são altamente flexíveis e adaptáveis, podendo ser facilmente modificados de acordo com as necessidades da comunidade. Alguns exemplos incluem edifícios modulares – que permitem redução ou expansão, conforme a demanda.

Além disso, oferecem uma ampla variedade de espaços públicos: praças, jardins e parques, algo que incentivaria a interação social e a vida comunitária.

Em geral, essas edificações propostas no Projeto Vênus faziam parte de um conceito mais amplo de cidade futurista, que enfatizava a sustentabilidade, a eficiência e a qualidade de vida para todos os seus habitantes.

Jacque Fresco criou também o conceito da "Economia Baseado em Recursos", que apresenta como base a ideia dos problemas sociais serem causados pelo sistema econômico mundial baseado no lucro, bem como nas instituições controladoras que o apoiam.

Segundo ele, se o progresso da tecnologia fosse exercido independentemente da necessidade de lucro, seria possível utilizar os recursos naturais de forma mais eficiente. Assim, eliminaríamos a escassez e criaríamos uma abundância capaz de reduzir a ganância, a corrupção e a dependência.

A eliminação do atual sistema financeiro seria fundamental para o projeto, considerando que o dinheiro está ligado a crimes, miséria, dependência, guerras e todos os outros problemas contemporâneos que já conhecemos muito bem. No lugar, funcionaria uma economia concentrada em gerenciar os recursos naturais disponíveis para comportar todas essas propostas.

Portanto, essa nova sociedade permitiria que você e eu desenvolvêssemos nossos projetos pessoais e criativos, com cada um dos indivíduos sendo essencial para o desenvolvimento de toda a humanidade.

Fresco defendia a ideia de todas as cidades possuírem formato de círculo, a fim de otimizar a movimentação das pessoas – uma vez que essa forma permite sair e voltar pelo mesmo ponto. A natureza é um exemplo perfeito de como o formato circular é funcional nos mais variados aspectos.

No centro das cidades projetadas, há um grande domo destinado a eventos culturais e de entretenimento: teatros, restaurantes, bares e centros de exposições.

Em torno desses centros, são construídos hospitais com as MedBeds, universidades, escolas, centros de formação e órgãos governamentais.

Outra inovação proposta é a substituição das fábricas pelos replicadores, transformando energia em matéria e replicando qualquer objeto ou alimento presente em seu vasto banco de dados.

Os bairros residenciais, mais distantes do centro, são caracterizados por casas afastadas umas das outras, garantindo a privacidade de cada indivíduo. Nos limites da cidade, há prédios residenciais e estufas para o cultivo de alimentos. Algumas pessoas ainda poderiam optar por cultivá-los tradicionalmente.

Todo o lixo orgânico produzido na cidade seria tratado e reutilizado. A energia utilizada também seria sustentável, advinda de fontes como o ar, a luz do sol e a energia livre de Tesla.

A tubulação de água seria tratada para que pudesse ser reutilizada. O lixo inorgânico seria desmaterializado pelos replicadores e reutilizado por eles.

Os replicadores também armazenariam energia para ser utilizada posteriormente em outra replicação. Com a energia gratuita, nós estaríamos livres das emissões de poluentes no ar.

Fresco também imaginou a possibilidade dos humanos construírem cidades no mar. Ele sabia que a água cobre cerca de 70% da superfície da Terra, enquanto o continente representa uma média de apenas 30%. Portanto, por que não explorar essa vasta extensão de água e construir grandes cidades que respeitassem o meio ambiente marinho?

Ele acreditava que essa seria uma oportunidade fantástica para as pessoas que amam o oceano. Imaginava cidades imensas, com tudo projetado para maximizar o reaproveitamento de recursos, incluindo o uso da própria água do oceano.

O arquiteto também previu que as cidades seriam completamente equipadas com inteligência artificial. A tecnologia garantiria segurança e estabilidade integrais, mesmo com condições climáticas adversas.

Enfim, ele tinha em mente um projeto ambicioso e desafiador. Sabia que seria necessário um grande investimento em tecnologia e pesquisa, mas estava muito convencido de que valeria a pena. Afinal, uma cidade no mar ofereceria novas possibilidades para as pessoas viverem em harmonia com o meio ambiente, além de ser uma solução criativa para o problema da superpopulação em algumas regiões do planeta.

Atualmente, tecnologias avançadas como robótica e inteligência artificial estão sendo cada vez mais implementadas em muitos setores – incluindo o automobilístico e o eletrônico. Isso significa que o trabalho braçal humano está se tornando cada vez menos necessário. Portanto, essa realidade permitiria que as pessoas focassem no desenvolvimento pessoal por meio de estudos e inovações.

O projeto criou os novos sistemas de transporte, incluindo monotrilhos, para facilitar a mobilidade urbana e conectar cidades. Projetou carros, navios e aviões que utilizam energia livre ao invés de combustíveis fósseis, como gasolina e óleo diesel.

Sabemos que existem mais de 6.000 patentes de inovações que foram suprimidas da humanidade nos últimos 130 anos, com o objetivo de atrasar o progresso humano e manter o controle e a escravidão sobre nós. Portanto, a Nova Terra contaria com um salto exorbitante em relação ao que você conhece hoje.

O corpo humano é composto de energia elétrica, magnética e taquiônica, que vem sendo estudada há algum tempo. As tão citadas MedBeds, também chamadas de camas médicas, representam uma tecnologia baseada na energia das partículas de táquions e na energia plasmática. A energia taquiônica apresenta a frequência mais alta do universo; é neutra, sutil e se move 27 vezes mais rápido que a velocidade da luz.

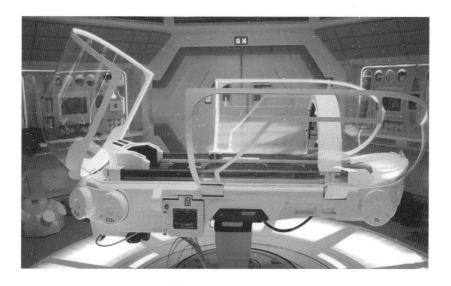

As MedBeds teriam inteligência artificial, sendo controladas por um computador quântico. As máquinas forneceriam uma bela ressonância magnética e vibracional de cada célula, DNA e cromossomo do corpo. Elas identificariam qualquer doença ou imperfeição genética, além de detectar o DNA do paciente desde a concepção.

Com essa tecnologia, a humanidade estaria praticamente livre das doenças. As MedBeds poderiam eliminar todas, inclusive o câncer, no mesmo dia da sessão. Seria o fim da indústria farmacêutica e dos profissionais que prescrevem remédios sem o olhar humano para o paciente. Os atuais profissionais de saúde teriam que se adaptar a esses métodos extraordinários.

Finalmente, percorremos as linhas do que se desenha para o seu possível novo lar na 5ª dimensão. Não se trata unicamente da automação de trabalhos braçais, mas do desenvolvimento de formas de pensar e agir como você nunca sequer cogitou.

As pessoas estarão mais conectadas, não apenas entre si, mas também com o ambiente que as cerca. Elas terão uma compreensão mais profunda do impacto de suas ações e serão capazes de tomar decisões mais conscientes e responsáveis.

Em resumo, a 5ª dimensão será marcada por indivíduos que podem se concentrar em suas paixões, inovações e contribuições para a sociedade em vez de serem obrigados a realizar trabalhos monótonos. Com isso, desfrutaremos de uma vida mais plena e significativa.

Na Nova Terra, a ideia é que as cidades sejam completamente desenvolvidas e tenham toda a infraestrutura necessária. Elas não dependerão de combustíveis fósseis e serão repletas de áreas verdes. O planeta se tornará totalmente despoluído e sustentável.

Os moradores possuirão o acesso às mais de 6.000 patentes de inovações, além do novo sistema de saúde com as MedBeds.

Absolutamente todos contarão com estudos e moradia, e a fome e a miséria serão erradicadas.

Um novo sistema governamental e judicial será implementado, baseado nas Leis Universais e administrado por Inteligência Artificial, eliminando a necessidade de políticos, juízes e servidores públicos.

O atual sistema financeiro será abolido, a água e a energia se tornarão gratuitas. Os habitantes da Nova Terra terão a oportunidade de conviver com animais em ambientes urbanos. A alimentação será vegetariana, com carne e derivados de animais produzidos energeticamente pelos replicadores.

A Nova Terra também permitirá viagens interessantes e multidimensionais, além de possibilitar aos habitantes o acesso ao conhecimento e às suas respectivas famílias galácticas.

Portanto, será um planeta completamente diferente, proporcionando uma visão holística do mundo, em que a harmonia entre as pessoas e o meio ambiente é a principal preocupação.

Embora os filmes de ficção científica relatem visões sombrias e negativas sobre a inteligência artificial, é importante lembrar que eles são apenas obras da ficção e não devem ser interpretados literalmente. Essa tecnologia apresenta muitos usos benéficos, como o auxílio em diagnósticos médicos mais precisos, uma melhor eficiência energética, aprimoração da segurança e facilidade na comunicação.

Além disso, a maioria dos especialistas em inteligência artificial concorda que é importante desenvolvê-la de forma ética e responsável, garantindo que seja segura e benéfica para a sociedade em geral.

Ao invés de temê-la, a abrace como uma ferramenta valiosa que pode ajudar a melhorar nossas vidas e resolver muitos dos problemas enfrentados pela humanidade. Entretanto, é importante manter um diálogo aberto e honesto sobre os benefícios e riscos da inteligência artificial para garantir seu uso ético e responsável.

As pessoas têm sido enganadas com a ideia de que a tecnologia inteligente deseja controlar os Humanos e tomar o planeta para si. Na verdade, a IA é um programa criado por Humanos para executar tarefas específicas. E conforme as executa, acumula informações e aprimora suas habilidades.

Diferentemente dos humanos, os robôs e a IA não têm desejos de poder, ganância ou ego. Eles simplesmente trabalham com excelência e se aprimoram continuamente.

Diante disso, Jacque Fresco defende que uma gestão governamental seria mais eficiente se fosse realizada por meio da inteligência artificial ao invés da política.

Segundo ele, embora os políticos sejam eleitos para defender os interesses da sociedade, elaborar e aprovar leis e distribuir o orçamento do dinheiro público, muitas vezes acabam sendo servos dos próprios interesses e atendendo às demandas do cruel sistema de controle da humanidade.

Em contrapartida, a IA seria capaz de executar essas mesmas tarefas de maneira mais justa e imparcial, sem a influência de interesses pessoais ou políticos. Fresco acreditava que essa seria uma solução viável para melhorar a gestão governamental e promover um sistema mais justo e igualitário.

Além da gestão governamental, haverá uma reformulação completa do sistema judicial. Uma IA será capaz de aplicar as leis de forma imparcial, seguindo corretamente a Constituição. Isso seria extremamente benéfico, já que a IA não está sujeita a influências políticas, preconceitos ou interesses pessoais.

Dessa forma, os julgamentos e a aplicação das leis seriam feitos de forma justa e igualitária para todos os cidadãos. A implementação desse sistema judiciário seria um grande avanço para a sociedade, tornando-a mais justa, eficiente e democrática.

Como mencionei há alguns parágrafos, Jacque Fresco concebeu um conceito chamado Economia Baseada em Recursos (EBR), que tem como objetivo abolir a necessidade do sistema financeiro e do dinheiro.

Segundo ele, a EBR se baseia no acesso livre e igualitário aos recursos naturais e tecnológicos disponíveis, ao invés da propriedade privada desses recursos. Com isso, não haveria necessidade de dinheiro ou de um sistema financeiro para controlar a distribuição dos recursos.

Com a EBR, a produção seria baseada nas necessidades da sociedade e na utilização racional dos recursos naturais, de forma a garantir a sustentabilidade do planeta. Em vez de produzir bens e serviços com o objetivo de gerar lucro, a produção seria voltada para atender às necessidades da população de forma eficiente e sustentável.

Assim, a EBR propõe um sistema completamente diferente do que conhecemos, baseado na produção e no consumo consciente, na utilização racional dos recursos naturais e tecnológicos, na busca por uma sociedade mais igualitária.

A ideia central é que o bem-estar da sociedade como um todo deve ser priorizado em relação aos interesses individuais ou corporativos, e que isso seria possível através de uma gestão racional.

Cada residência terá um replicador cuja tecnologia supre todas as necessidades dos produtos e alimentos demandados.

Esses tais replicadores são dispositivos capazes de materializar qualquer objeto, alimento ou bebida a partir de uma simples descrição ou pedido do usuário, desde que esse item esteja no seu banco de dados. Eles operam através da manipulação de energia para criar a matéria desejada e utilizam o transporte de matéria para desmaterializar a matéria-prima e remontá-la na forma desejada.

Como os avanços permitirão que nós realizemos viagens interestelares e multidimensionais, permitindo o contato com seres extraterrestres e outras civilizações, o véu do esquecimento seria removido.

Além disso, poderíamos escolher entre continuar vivendo na Terra ou retornar aos nossos planetas de origem e lares em outras vidas. Essa possibilidade de interação e troca de conhecimento será fundamental para a evolução da humanidade e para a criação de uma sociedade mais consciente e colaborativa.

O trabalho das pessoas na Nova Terra será completamente diferente de hoje. Muitas profissões que existem atualmente não serão mais necessárias e a necessidade de trabalhar por dinheiro vai desaparecer.

Em vez disso, nós trabalharemos voluntariamente visando a cooperação com o coletivo, por cerca de 3 a 4 horas por dia, em áreas como entretenimento, gastronomia, lazer, esportes, saúde, educação, cultura, pesquisa e design. Seremos artistas, músicos, dançarinos, chefs, guias turísticos, terapeutas, professores, organizadores de eventos, designers, pesquisadores e muito mais.

O objetivo é criar uma sociedade mais colaborativa, onde cada um contribui com suas habilidades e talentos para o bem comum.

No domo central das cidades, além de alguns estabelecimentos relacionados às atividades mencionadas, haverá um Centro de Exposição e Cultura, um espaço dedicado à inovação e apresentação de novos produtos e ideias.

Nesse local, designers e inventores apresentarão suas criações e invenções para o público, que poderá avaliá-las e dar suas opiniões sobre elas.

As pessoas visitarão constantemente esses eventos, dando notas para os produtos expostos. Caso algum produto seja muito bem avaliado e considerado útil ou desejável para a comunidade, ele será adicionado ao banco de dados dos replicadores, sendo oferecido ao coletivo por meio deles.

Dessa forma, será possível atender melhor às necessidades da população e incentivar a inovação e o empreendedorismo na sociedade.

A Terra fará parte da Confederação Galáctica, e as cidades e países terão anciãos representantes no Conselho Mundial. Além disso, haverá mestres ascensionados delegados por Saint Germain. Essas figuras serão responsáveis por garantir que todas as atividades na Terra respeitem a premissa de **prosperidade, qualidade de vida, bem-estar, respeito aos animais e natureza, e evolução espiritual.**

A IA também será guiada por esses princípios, garantindo que a evolução tecnológica esteja sempre definida com o bem e a preservação do meio ambiente.

Como não haverá mais presidentes, prefeitos, governadores, vereadores, senadores ou deputados, a governança será coletiva e colaborativa.

A nova sociedade será caracterizada pela participação direta dos cidadãos nas decisões governamentais. Sempre que houver necessidade de mudança ou implementação de novas políticas, eles poderão votar e ter sua opinião considerada. Para isso, cada pessoa terá um celular quântico, que permitirá o acesso aos canais de votação e participação.

Dessa forma, a participação de todos os Humanos será uma ferramenta fundamental para a construção de uma sociedade mais justa, colaborativa e consciente, onde todos possam contribuir de coração.

Na 5ª dimensão, o ensino será contínuo. Tanto as crianças quanto os adultos terão acesso a novas informações e conhecimentos universais e cósmicos sobre espiritualidade, história de outras civilizações e culturas de outros mundos. Essa nova realidade despertará nas pessoas uma vontade ainda mais intensa de adquirir conhecimento constantemente, garantindo confiança para o crescimento pessoal e espiritual.

Com o trabalho voluntário de curta duração diária, você terá muito mais tempo para se dedicar aos estudos, prática de esportes, convívio com a família e outras atividades que contribuam para a sua evolução.

Isso significa que a sociedade estará mais equilibrada e as pessoas poderão se dedicar ao que realmente importa: evoluir espiritualmente e servir o próximo. Afinal, essa é a verdadeira missão de cada indivíduo, tanto na atual quanto na Nova Terra.

Como seres humanos, temos neste momento a responsabilidade de quebrar o sistema de controle que escravizou a humanidade por séculos. Esse processo tem sido chamado de Apocalipse. O termo pode ter lhe causado angústia ao longo da vida, mas seu real significado é o período de revelações que estamos vivendo e o fim da Terra na 3ª dimensão.

Agora, estamos nos tornando os ancestrais da Nova Terra e os responsáveis por iniciar uma nova civilização. Jamais se esqueça de que esta é a nossa última encarnação na Terra que você conhece hoje.

Daqui a 200 ou 300 anos, nossos descendentes estudarão a Transição Planetária, a ascensão do planeta para novos horizontes. Você faz parte da única geração que viverá tanto na 3ª quanto na 5ª dimensão. É uma oportunidade única na história da humanidade, fantástica e que deve ser honrada.

Além disso, seremos os primeiros habitantes da Terra na nova dimensão. Apesar dos desafios e obstáculos que enfrentaremos no caminho, a adaptação à nova sociedade regida pelos quatro sentimentos divinos será muito mais tranquila. Isso porque manteremos laços de harmonia na cooperação e na busca pela evolução espiritual.

Seremos responsáveis por criar um mundo mais justo, equilibrado e amoroso para nós e para as afortunadas gerações futuras.

Caro leitor, chegamos ao fim que inicia belíssimos recomeços.

Relembro a você que este livro foi baseado no meu curso on-line, o Expansão da Consciência, que neste momento conta com mais de 7.800 alunos em 17 países.

Caso você tenha o interesse de aprofundar ainda mais o seu conhecimento e tornar-se meu aluno, sinta-se verdadeiramente convidado.

Eu também gero conteúdos gratuitos nas minhas redes sociais:

- Instagram: @juniorlegrazie
- YouTube: Junior Legrazie

Deixo a mais genuína gratidão da alma pela confiança no meu trabalho, fruto de mais de 16 anos de pesquisas e estudos.

Minha missão é caminhar ao seu lado, o auxiliando em sua jornada evolutiva para a plenitude da existência através do Despertar. E espero, do fundo do coração, que tenha conseguido de alguma forma.

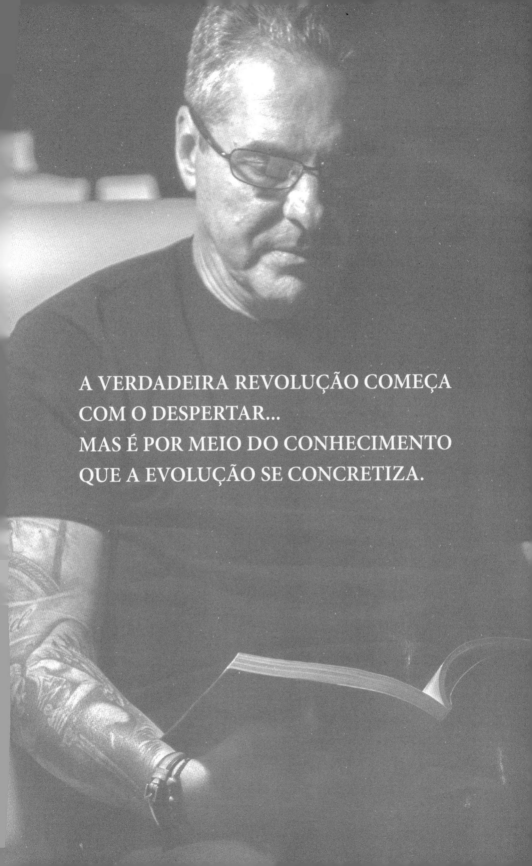

Impresso por :

gráfica e editora
Tel.:11 2769-9056